모란 속을 걷다

인문학 시인선 040

모란 속을 걷다
송하진 시집

제1쇄 인쇄 2025. 7. 25
제1쇄 발행 2025. 8. 5

지은이 송하진
펴낸이 민윤식
펴낸곳 인문학사

등록번호 제 2023-000035
서울시 종로구 종로19(종로1가) 르메이에르빌딩 A동 1430호
전화 : 02-742-5218

ISBN 979-11-93485-37-8 (03810)

ⓒ송하진, 2025
Printed in Seoul, Korea

*잘못 만들어진 책은 본사나 구입하신 서점에서 교환하여 드립니다.
*이 책은 저작권법에 의해 보호받는 저작물이므로 저작자와
 출판사의 서면동의 없이는 무단 전재와 무단복제를 금합니다.

인문학 시인선 040

송하진 시집
모란 속을 걷다

인문학사

자서 自序

마음 안의 화평 和平과 마음 밖의 평화 平和를
댓돌 위의 신발처럼 나란히 놓는다.

자주, 크게 눈뜨고 바라본다.
가끔, 멀찍이 보다는 바짝 다가간다.
어쩌다, 벌거벗고 들어앉을 때도 있다.

뾰족하게 깎을까, 둥글게 다듬을까
차갑게 얼릴까, 따뜻하게 데울까, 뜨겁게 끓일까

복잡하다, 애매하다, 멍하다
세상과 우리네 삶이 그렇다고 치면
나의 언어는 순하고 단순하고 쉬운 편을 택하고 싶다.

내 생각의 표현이 누군가의 느낌이 될 수도 있으므로
가능하면 정성껏 점묘 點描하려 애쓴다.

사람과 지구와 하늘의 생기 生氣를 많이 생각한다.

언젠가는 연기처럼 희미해질 인연들의 연기 緣起를 뒤돌아보며
때맞춰 진심어린 감사를 드리며 살아가고 싶다.

요즈음 즐겨 읊는 시로 생육신의 한 사람인 매월당 김시습의 한시 한 편을 띄우면서 자서를 마무리하고자 한다.

청평사에 머무는 한 나그네
봄 산을 자유로이 노니네
새는 울고 외로운 탑은 고요한데
꽃은 떨어져 시냇물 따라 흐르네
좋은 나물들 때를 알아 돋아나고
향기로운 버섯 비를 맞아 부드럽네
시를 읊으며 걷다 신선골 들어서니
나의 오랜 근심도 스르르 사라지네

有客淸平寺　春山任意遊
鳥啼孤塔靜　花落小溪流
佳菜知時秀　香菌過雨柔
行吟入仙洞　消我百年憂

-梅月堂 金時習 "有客"

2025년 가을을 맞으며
호고사신방 好古思新房에서
푸른돌翠石 송하진

contents

004 자서

1

012 새끼를 꼬다
013 꽃 앞에서 나는 왜 이리 부끄러운가
014 신호등이 되어 주세요
015 구름
016 달나라 가는 꿈
018 거짓말은 우아하다
019 달이 지구의 안부를 묻는다
020 꽃밭
022 거침없이 흘러라, 강물이여
024 낭떠러지를 만났다
025 생각 하나
026 사라지는 것들을 위하여
027 지구가 스스로 돌면서 해를 돌아도
028 지구여 통곡하라

2

032 모란 속을 걷다
034 사발을 보며

035 벽
036 가지 않은 길
037 손자가 그린 추상화
038 수선화 이슬
039 파소봉 강가에 서서
040 가뿐가뿐 떠나자
042 자유
043 흰 눈이 내린다
044 추사체를 만난 후
046 돌, 그 돌 하나
047 봄은 시다
048 나비

3

050 청암산 구슬뫼길
052 누님의 매화
053 가을, 바람이 가는 곳
054 코로나19의 추억
056 구이
057 와운리
058 전주비빔밥
059 달궁

060 망해사
061 기린봉
062 섬마섬마 서다
064 대장금 마실길
066 늦가을 색장리 풍경
067 산벚꽃

4

070 봄이라 꽃피는구나
071 친구야
072 목화꽃 사랑
074 당신의 길
075 별
076 나는 맵쟁이를 사랑합니다
077 나는 둥근 공을 좋아합니다
078 구절초 꽃
079 나는 수선화 한 잎을 사랑한다
080 따뜻한 손 하나
081 풍금 소리
082 나는 사랑이란 말을 참 좋아합니다
083 오월
084 나이 든 청년의 노래
086 어린이는 풀잎

5

090 허허허 봄!
092 잔디, 너를 밟는다
093 모래
094 동물의 왕국
095 낙엽
096 아직도 빛나는 저 별들
098 산수풍경
099 우리가 물이라면
100 뿌리
101 잔디의 꿈
102 햇빛
103 옥상의 비둘기
104 방아깨비
105 유랑인
106 발시

평설
109 자연에서 삶의 원리를 성찰하는
　　 서정주의 시학/양병호

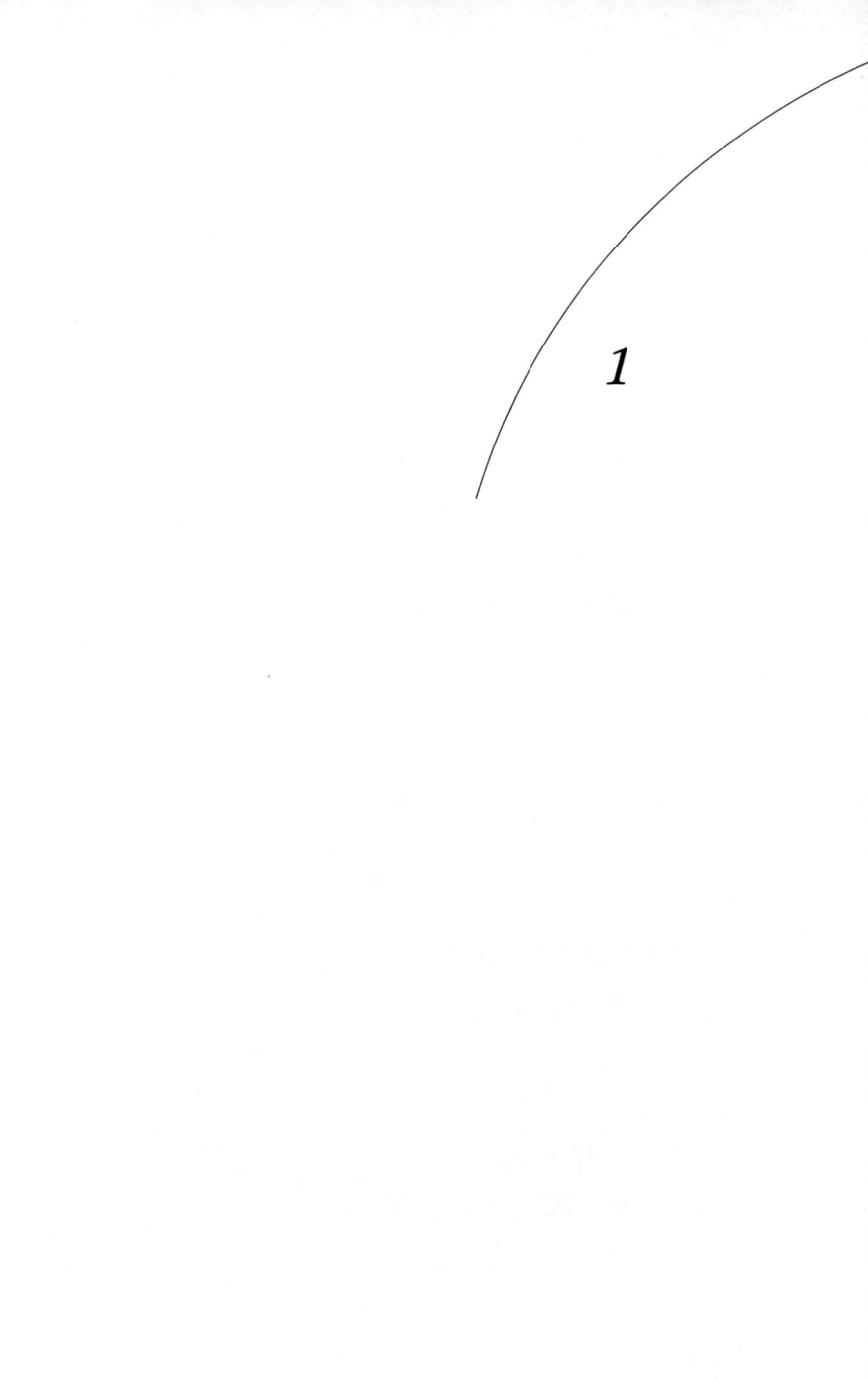

새끼를 꼬다

순하디 순한 벼순이 자라
부끄러움도 모르고 이삭을 뺐다
만삭의 이삭은 통통히 영근 벼를
저를 키워낸 땅을 향해 드리웠다.
그리고는 해탈하듯 벼를 떨구어 낸다
볏짚은 햇빛아래 차근히 눕고
물기조차 없는 바짝 마른 몸이 되어
굵은 핏줄이 선명한 농부의 팔에 이끌려
한움큼씩 공들여 포개진다
합장한 억센 두 손 안에서
볏짚은 비비고 꼬이고 질긴 새끼가 된다

세상엔, 꼬일수록
단단히 꼬이면 꼬일수록
쓸모있는 것도 있구나

새끼는
저 혼자 따로인 것들을,
흩어져 널부러지고 멋대로인 것들을,
작은 바람에도 흔들리는 것들을,

묶는다

꽃 앞에서 나는 왜 이리 부끄러운가

오늘이 그날일 줄이야

꽃이 활짝 피더라
함박 웃음이더라
활짝 웃으니 기차게 예쁘더라

꽃이 웃고
나도 좋아 웃으니
꽃처럼
나도 덩달아 예쁘리라

꽃이 이렇게나 예쁘니
내 맘이 설레고 가슴이 떨리는구나
어인 일인가
나 걸어온 길에
설레고 떨리는 순간이 이리도 없었던가

꽃이 하는 말-
설렘도 떨림도 없으면
인생 다 산 거 아닌가요?
그것만 보이고 그 밖의 것들은 보이지 않던 세월
오늘, 꽃 앞에서 나는 왜 이리 부끄러운가

신호등이 되어 주세요

이 풍진 세상
사는 일이
참 어렵네요

가는 일도
오는 일도
오다가다 멈추는 일도
모두 다 어렵네요
어느 때인가
누군가 나를
오라, 가라, 멈추라 했으면 좋겠어요

신호등이 되어 주세요
빨간 신호등, 노란 신호등,
파란 신호등이 되어 주세요
오늘은 안개가 자욱하네요
오라, 가라, 멈추라 하는
신호등이 되어 주세요

구름

그냥 마음 들떠서
이리저리 흘러 다니는 줄 알았어요
햇빛 치렁한 봄날 언덕에 앉아서 보니
어찌나 다정하고 포근해 보이던지
어떤 날은 그렇게 낭만적일 수가 없었어요
늦가을이었을 거예요
당신 모습은 왜 또 그리 쓸쓸해 보이던지
그런데 그런데 말이에요
가끔은 무서워요
천지를 뒤흔드는 요란한 모습으로
포악해지거든요
멀리서 푸르게 다가오는
하늘이 두려운지
서둘러 몸을 추스리더군요
어느덧 노을빛에 물드는
호사에도 길들여졌나 봐요
황혼녘의 모습이 아름답네요
해왕성까지 흘러가겠다던
포부는 잊지 않았겠지요

달나라 가는 꿈

하- 오늘도 지구가 시끌시끌한데
증기기관차 타고 새벽녘에
달나라 가는 꿈이나 꿔 볼까

달나라는 어린 날 외갓집처럼 그리운 곳
빨갛고 하얗고 갸름하게 나울대는
코스모스 꽃들에 매달린 투명한 이슬들
툭툭 털며 새벽 기차는 달리겠지
췻췻- 화통에서 솟아오르는 뽀얀 수증기처럼
달나라 가는 길은 생기발랄 할 거야
들판을 가득 채운 노란 벼이삭들 고개숙인
가을을 치쿠덩 치쿠덩 기차는 달릴 거야
야트막한 산들 가까워지고 때로는 멀어지고
깊고 침침한 터널을 몇 번 지나면
기차는 부-웅 지구를 뜰 거야
드디어 광활한 구름벌판을 빠르게 달려
무심한 천공天空을 순식간에 솟아올라
기차는 달나라에 다다를 거야

달나라에 올 때는
그림자 같은 이기심은 버리고

눈송이처럼 사뿐하게 오라는데
무사히 달나라에 안착할 수 있을까
천연^{天然}한 달나라 사람들을 만나
허망한 회한의 눈물을 펑펑 흘릴 수 있을까

거짓말은 우아하다

"너와 함께 가는 이 세상은 너무나 아름다워."
무지개 처럼 우아한 이 말은 거짓말이다
사실 너는 지금 내 곁에 없고
너의 쓸쓸함에 대하여도 나는 무심하다

참말은 참말이라서 거침이 없고
그래서 참말은 거칠다

거짓말은 우아하다
그래서 꽃보다 아름답다
때로는 현란하다

거짓말은 믿는다
참말은 참말이기 때문에 우아할 거라고 믿는 것이다
그래서 거짓말은 참말처럼 우아해지고 싶은 것이다
거짓말은 거센 바람 속에서조차
능수능란하게 우아한 꽃을 피워내는 매력쟁이다

달이 지구의 안부를 묻는다

뼛속 깊숙히 숨겨둔 달을
낮달로 띄우자
세상의 언어들이 순해졌다
칼을 든 언어들이 뼈 속으로 우루루 숨어든다

누군가 언덕에서
나를 기다리고 있다
자객처럼 다가가서
녹슨 칼을 손에 쥐어주고 내려왔다
한겨울 내내 몸살 앓던 친구가
봉투에 곱게 싸서 안부를 보내왔다

달이 구름사이로
희부연 얼굴을 내밀고
지구의 안부를 묻는다
뼈가 꽉 차오를 때까지
달은 하늘에 그렇게 오래 떠 있을 것이다

꽃밭

꽃밭에 꽃들이 피었습니다
나리는 나리꽃을, 작약은 작약꽃을 피웠습니다

꽃들은 철마다
제 할일을 합니다
뿌리를 뻗고
줄기를 세우고
잎을 돋우고
드디어는 꽃을 피웁니다

꽃들은 저마다 제 모습을 갖춥니다
장미는 장미의 모습으로
홍초는 홍초의 빛깔로
수선화는 수선화의 향기로
마침내 제 아름다움을 이룹니다

나는 꽃들의 그 투박하지 않은 듯 정교한
그 사치스럽지 않은 듯 화려한 연출에
소리 없는 탄성을 지릅니다

오-꽃이여, 꽃들이여

족보가 달라 서로가 서로일 수 밖에 없는 꽃들이여.
그대들은 광화문 광장의 촛불처럼
끝내는 모여서 찬란한 운명처럼
이리도 아름다운 꽃밭을 이루어내는구나

거침없이 흘러라, 강물이여

밤 사이
강물이 거칠어졌다
첩첩 산 너머 상류에 퍼부어 댄
빗줄기가 큰물되어 몰아친다

지금이야말로 거침없이 흐를 때다
강물이 결심을 한다

물살은 연거푸 출렁거리며
둔치를 넘나들고
불끈거리며 하류로 하류로 내달린다
진한 탁도로 내달리며
거침없이 쓸어내린다

엉큼하고 졸렬한 것들이여
어설프고 저만 보는 속 좁은 것들이여
찌그러진 깡통처럼 소란스럽기만 한 것들이여
방울뱀처럼 사악하기까지 한 것들이여

눈치 보지 마라, 강물이여
거침없이 흘러라, 강물이여

너의 흐름, 너의 물결이 되어 거침없이 흘러라
아픔 아로새겨 처절하게 아름다운 벼랑도
밤새워 너의 흐름을 내려다보고 있다

거침없이 흘러라, 강물이여

낭떠러지를 만났다

가던 길 어느 순간 뚝 끊기고
천 길 아래에서 길이 다시 시작되는
낭떠러지를 만났다
길을 일으켜 세워 천 길 높이 낭떠러지를 만든 이는
낭만주의자임이 분명하다
주저앉을까요? 간이 작은 겁쟁이처럼, 아니
돌아갈까요? 대충 사는 놈팽이처럼, 아니
날아갈까요? 꿈꾸는 한량처럼, 아니
겨드랑이에 솟아나지 않는 날개를 누가 달아줄까요?
허벅지와 장딴지, 두 팔의 근육을 강철처럼 담금질하고
바위에 쇠말뚝을 깊이 박아 한 발 한 발 내딛으며
밧줄로 온몸을 칭칭 감아 낭떠러지와 맞장 뜨자!
팽팽히 줄을 당기고 당당하게 하강하자
발꿈치가 땅에 닿는 순간 나의 길은 다시 시작되리라

아, 그 어디쯤인가에서 나를 기다리는
또 다른 천 길 낭떠러지여!

생각 하나

생각 하나가
숲정이에서 출발했다
버스가 출발하자
생각은 버스와 함께 한참을 달렸다
나는 그렇게, 버스와 생각과 함께 달리고 있었다

버스가 정류장마다 멈추고
사람들이 오르내리고
흔들리고 기우뚱거릴 때마다
생각도 멈추고 흔들리고 기우뚱거렸다

버스가 번화가를 벗어나
널따란 풍경 속을 달리자
생각도 함께 널따란 풍경 속을 달렸다
생각은 그렇게, 나와 풍경과 함께 달리고 있었다

버스가 장계 터미널에 멈추자
생각도 멈추고 더는 나를 따라 내리지 않았다
버스에서 내려 어디론가 부지런히
걸을 때 또 다른 생각 하나가 앞서가고 있었고
나는 행여 놓칠세라 끝까지 생각을 따라다녔다

사라지는 것들을 위하여

사라지는 것들이여,
끝내는 사라지고 말 것들이여,
그대를 기억하고 있는 사람들이 사라지고
그대를 기억하고 있던 사람들이 전해준
기억을 간직하고 있던 사람들조차 사라지고 나면
영원한 고요 속으로
사라지고 말 것들이여,

기억하지 말 일이다
온전히 놓아줄 일이다
망각의 고요 속으로 들어가는 그대를
영원히 침묵해 버릴 일이다
너를 기억하는 나를 기억하는 일조차 하지 말 일이다
사라지는 것들을 위하여
사라지고 말 것들을 위하여

지구가 스스로 돌면서 해를 돌아도

세상의 모든 까마귀를 본 일이 없어도
까마귀는 검다
아직 아무도 내일 이후를 살아 본 일이 없어도
해는 동쪽에서 떠서 서쪽으로 진다
어느 누구도 흥부 놀부를 만나 본 일이 없어도
흥부는 착하고 놀부는 나쁘다

지구는 스스로 돌면서
해를 따라서도 돈다
그래도 나는 어지럽지 않다
어지러울까를 걱정하지도 않는다

사실은 진실 곁으로
진실은 진리 곁으로
자꾸만 다가가고 싶을 뿐이다

그렇게
나는 본다
나는 듣는다
나는 배운다
나는 믿는다

지구여 통곡하라

하늘 한가운데 언뜻언뜻 비치는
핼쑥한 지구의 그림자
온몸에 신열身熱이 돋아
사화산조차 다시 솟구치며 쏟아져 내리고
이산화탄소 삼킨 초목들은 숨소리 가빠지고
플라스틱 페트병 삼킨 상어는 등이 굽은 채
저리도 허망하게 갯벌에 드러눕는다
속절없이 녹아내리는 지구 꼭대기 빙하를 딛고 서서
하얀 웅녀들 펑펑 눈물을 쏟고
회색 먼지 벽에 갇힌 푸른 하늘은
상처로 짓무른 새의 날개 끝을 따라
아스라이 멀어져 간다

아직도 지구는 해를 연모하며 도는데
삶은 원래 자유로운 거라고
욕망이 시키는 대로 마음껏
쓰고 버리며 마구 사는 거라고
그것이 진정으로 삶을 사랑하는 거라고
마냥 너희는 그렇게 살아갈 작정이냐
지구여 울어라
온몸 구석구석이 아파서 우는 지구여 서럽게 울어라

사랑은 결코 그렇게 하는 것이 아니라고
지구여 울어라
지축이 똑바로 서서 도는 그날까지
지구여 통곡하라

2

모란 속을 걷다

청명한 어느 봄날
나는 천천히 모란에게로 다가갔다
모란 앞에 서서 모란이 눈치채지 못하게
찬찬히 모란의 얼굴 표정을 살폈다
안심한 모란의 문을 조심스럽게 열고
나는 두려운 눈으로 모란의 속을 들여다보았다
아무것도 보이지 않았다
두 손으로 내 눈을 비비고 목을 길게 늘여
더 깊숙이 모란의 속을 살펴보았다
모란의 깊은 속 어디에선가 천천히 동이 터오고 있었다
깊은 곳 구석구석을 오래 들여다보았다
서서히 그 무엇인가가 희미하게 보이기 시작했다
나는 용기를 내어 옷을 벗고
벌거벗은 몸으로 모란 속으로 걸어 들어갔다
바라보면 바라볼수록 모란 속은
그 어떤 모를 것들로 가득하였고
몰입할수록 신비로움이 나를 감쌌다
모란을 만나 모란의 깊은 속을 걸으며
나는 드디어 모란에 대한 무명無明*으로부터
벗어나기 시작한 것일까
모란이 살며시 팔을 뻗어 나를 껴안았다

나는 모란의 품에 안겨 하마터면 눈물을 흘릴 뻔했다
"이제야 나는 당신을 조금씩 알 것 같아요."

*무명 : 앎, 진리, 본질 등을 깨닫지 못한 상태

사발을 보며

사발을 보며
고요히 사발에 담긴
물을 본다

사발의 깊이 안에
머무는 물을 보며,
사발이 흔들리면
함께 흔들리는
물을 본다

물이 떠난 사발을 보며
사발을 떠난 물을 본다

내가 사발일 때
너는 물이고
네가 사발일 때
나는 물이다

벽

허물어지지 마라
물러서지도 마라
흔들리며 다가서는
견고한 사랑을 위하여

빈들에 적적히 서 있는
허황한 벽에도
이슬이 내리고
꽃은 핀다

허물어지지 마라
물러서지도 마라
누구도 다가서지 않는다
절망조차 다가서지 않는다

가지 않은 길

간다고 가는 이 길이
가야 할 길인가
가지 않은 그 길이
가야 할 길인가

가지 못한 그 길이
가야 할 길이었네
가지 않은 그 길로
임은 벌써 떠났다네

뒤돌아보지 않고 떠난
그 길 어디쯤인가
님은 흔들리며
자꾸만 휘청이며 서 있다네

손자가 그린 추상화

세 살배기 손자가
고사리손으로
아귀차게 크레용을 쥐고
그림을 그린다
크레용은 금세라도 튕겨 나갈듯 불안하다

가로로, 세로로, 때로는 대각선으로
흔들거리는 직선들을 그리더니
어느 순간
들쭉날쭉 찌그러진 동그라미들을 그린다
마침내 마구 휘갈겨 그린다.

거침없는 손놀림으로 현란하게 그린 추상화를 보며
세상살이 뭐 별 거 아니네요
손자는 득의양양 깔깔대며 웃어제낀다
이 어려운 세상을, 손자는 참 쉽게도 그려냈구나
손자의 난해한 추상화 앞에서
나는 그냥 멍하니 앉아 있었다

수선화 이슬

아침 산책을 하다가
연못가 수선화에 맺힌
이슬을 바라본다

수선화 잎끝에
아슬히 매달린
저 맑은 눈망울
하늘은 밝게 틔어 오고
빛이 솟듯 투명하다

간절한 아침 해가
휘황하게 떠오르고
잘 가꾸어진
우리의 민주주의를 갈망하는
순하디 순한 저 눈망울
해 아래 빛나는
맑고 투명한
외침이여!

파소봉 강가에 서서

파소봉* 강가에 서서
흐르는 강물을 바라본다
저 들판을 휘저으며 온
바람과 함께
강물을 바라본다

이렇게 서 있는 내내
저 흐르는 강물을
바라보고 있는 것이다

흐름을 지켜보는 일
흐름에 실려가는 일
그렇게 흘러가는 일

파소봉 강가에 서서
흐르는 강물을 바라본다

*파소봉 : 우리나라 최초 공화주의자이자 진보적 사상가라고
할 수 있는 정여립 생가주변 산봉우리

가뿐가뿐 떠나자

자, 우리
묵은 자리 툴툴 털고 일어나
어디론가 가뿐가뿐 떠나자
텃새처럼 으레 그러함으로부터 벗어나
낯설고 귀에 선 두려운 길을

떠나서
그 어딘가 그 무엇인가에게로
다가가 보자
가까이 다가가서
두려움 속으로
풍덩 빠져 버리자

가까이 더 가까이
깊이 더 깊이
다가가지 않고
어떻게 새로운 앎에 괄목하랴
언제쯤 형광처럼 빛나는 깨달음과 마주서랴

어딘가에서 왔다가
또 다른 어딘가로 떠나야 할 우리

떠나자, 가뿐가뿐 떠나자

이승도 낯선데 저승은 얼마나 낯설까
가뿐가뿐 떠나는 연습을 하자

자유

종달새가 하늘을 날아가네
산 숲을 따라 하늘을 날아다니네
갈매기가 하늘을 날아가네
바닷물결 따라 하늘을 날아다니네
종달새는 바다를 날지 않고
갈매기는 산 숲을 날지 않네

타조는 날마다 하늘을 바라보고
푸른 하늘을 꿈꾸며 달리지만
하늘을 날지는 않네

흰 눈이 내린다

한삼자락 휘날리듯
흰 눈이 내린다
저리
홀가분하게 지내온 날이
몇 날이나 되는지
갸웃갸웃 흰 눈이 내린다

서두르지 않아도
숨소리 거칠고
커진 몸무게처럼
지친 날들이
너울너울 흩어져 내린다

하늘 바깥 쪽에선
지금, 무엇이 내릴까
너울너울
흰 눈이 내리는데

추사체를 만난 후

우리네 삶은 실타래
얽히고설키고 술술 풀리지 않는 실타래

당신을 만나기 전
내 삶의 궤적에
각은 없었다
추임새도 발림도 노상 때를 놓치는
헝클어질 대로 헝클어진
곡선뿐인 실타래였다

당신의 필체는 기하
당신의 필획은 도도한 직선
당신의 필의는 입체
당신은 삼각자가 되고 컴파스가 되어
어느새 꽉 찬 부피가 된다

당신을 만난 후
나의 필획들은 드디어 직선을 이루기 시작했고
직선들은 제 몸을 밀착시켜 각을 만들고
어느 샌가 꿈틀대는 입체가 되어가고 있었다

드디어 나는 사각의 빌딩 사이
자동차가 질주하는 이 각진 사거리에서도
빠른 걸음으로
추사체를 닮아가고 있었다

돌, 그 돌 하나

오천 년을 견디며
저 맑고 맑은 천지天池에
깊이 잠겨
아직도 슬픈 돌,
그 돌 하나

오늘도
허허로운 제 몸을
사부자기 씻으며
백두白頭가 마르고 닳도록
고요 속에 잠겨
말이 없는 돌,
그 돌 하나

봄은 시詩다

차가운 눈매 거두며
겨울이 머뭇머뭇 뒷모습을 보인다
바람도 벌써 살풋하게 분다
바람 사이로 포근히 비쳐오는
해의 눈짓 따라
금잔화 여린 잎들이
꿈틀거린다
꿈틀거림은 한 떨기 시詩다

여뀌, 버들, 마가목, 오리나무
산천의 초목들이 일제히 꿈틀거린다
신명 난 몇 편의 시라도 만나고 오는 듯
부는 바람조차 건들거린다

오, 봄의 저 꿈틀거림,
천지사방이 온통 꿈틀꿈틀 피어나는
봄은 시다!

나비

노란 나비 한 마리가
높은 장대 끝에 앉는다.

장대 끝 먼 하늘에는
흰 구름이 어제처럼 무심히 흘러간다

그 아슬한 장대 끝 나비
푸른 앞산을 유연히 바라본다

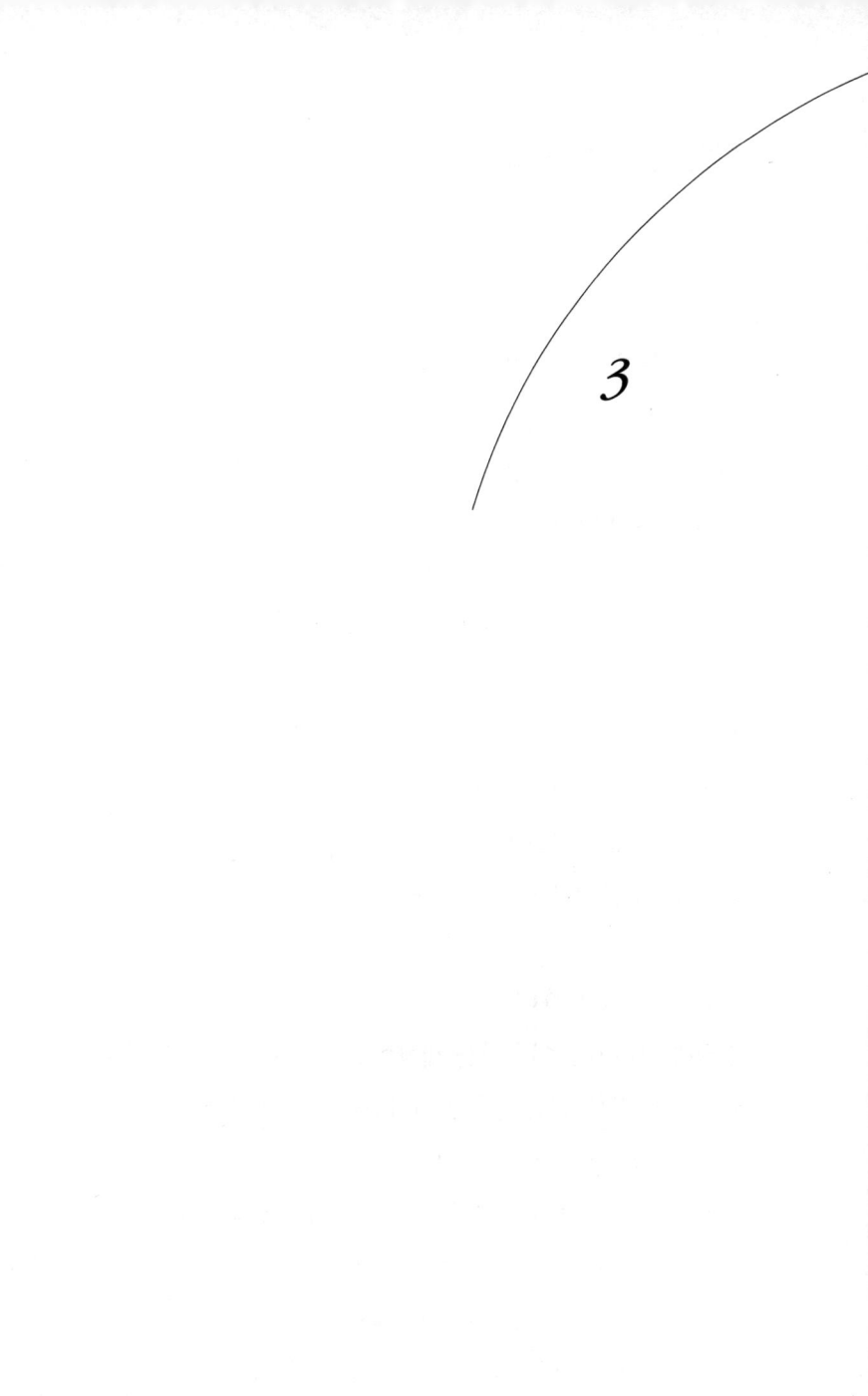
3

청암산 구슬뫼길

청암산 구슬뫼길로
옥산저수지를 만나러 갔었네
물오리들이 물 위에서 태연히 노닐더군
내가 옥구 들판 휘적대던 왜놈 순사가 아니란 걸
눈치 빠르게 안 거지

조총질 하던 시절보다 더 삭은 세월이
왕버드나무 밑둥지를
옛날얘기처럼 축축하게 부풀려 놓았더군
불안했던 시절 탓이겠지
어깨를 축 늘어뜨린 버들가지들이
맑은 물에 빨대를 대고 있더군

눈을 크게 떠야 하네
홍경래 난리처럼 어수선한 세상이 오고 있어
왜놈의 칼질보다 살벌한 바이러스가, 이산화탄소가
쳐들어오고 있다구.
갑자기 대나무들이 빽빽이 모여드는 이유를 알겠지.
날카로운 댓잎들이 활 시위를
팽팽히 당기며 사방을 겨누고 있더군
침략군들이 물러날 기미를 보이지 않는 거야

정신을 하나로 모아야 무찌를 수 있어

댓골 마을 할매들이 따라주는
생강차 한잔은 여전히 따끈하군

누님의 매화

누님
작년 가을에 심어주신 앞마당 매화가
별나게도 춥던 겨울을 잘 견디고
벌써 뽀곳이 눈을 뜨네요
일기 살펴서 손 없는 날 한 번 다녀가시지요

동네 앞 방죽 둔덕 여뀌 풀들이
수상한 세월 수군대더니
성글지만 제법 그럴싸하게 피어나네요
오시다가 한 바퀴 휘이
둘러보고 오시지요

밤이면 가막재 앞산에
달이 밝게 떠오르겠지요
오랜만에 모시개떡 싸들고
새꼬지 택구 아저씨 집에 가서
달이 깊은 잠 들 때까지
뒤숭숭한 세상 얘기나 실컷 나누다 오시게요

가을, 바람이 가는 곳

가을 달이라
취한 듯 휘영청 밝다
밝은 달이 잠든 자리
대낮 하늘 빈터엔
밝디 밝은 해가 뜬다
눈물나게 화사한 이 가을
바람도 덩달아 포근하다

바람은 지금
늠름히 흐르는 만경강 이백리
휘휘 돌아서
저 광활한 들판의
벼 이삭 들에게 다가간다

쭉정이 되지 말고 알곡 되라고
겸손하게 고개는 숙여도
거세찬 바람에게조차
쉽게 날아가지 않는
야무진 알곡 되라고
바람은, 이 가을 내내
저 들판의 벼 이삭을 포근히 어루만지는 것이다

코로나19의 추억

재작년 섣달 그믐 쯤부터일 거야. 천지사방에 종잡을 수 없는 바람이 하냥 불어 대고, 사람과 사람들 사이에는 바람 따라 비말飛沫이 흩어져, 손에서 손으로, 가슴으로, 허파로, 고릴라처럼 음흉하게 스며들었지.

우리 모두 서로 적이 될 수 있다고, 너는 나의 적, 나는 너의 적이 될 수 있다고, 그러니까 우리는 손을 뻗어도 결코 닿지 않을 만큼의 거리를 두고 살아야 한다고, 때로는 입과 코도 감추고 세례처럼 경건하게 손을 수시로 씻어야 했었지. 하루를 마친 해는 불안하게 서산으로 지고, 가끔은 쥐부스럼처럼 스멀스멀 커가는 죽음의 공포와도 만나곤 했었지

언젠가는 추억일 뿐일 거라고, 어렴풋이 섬뜩한 기억일 뿐일 거라고 때로는 여기면서, 하늘 여기저기엔 가끔 하얀 구름 들이 여유롭게 피어나기도 했었지. 메아리 한번 울리지 않는 깊은 산중의 세월처럼 우리는 그렇게 서로 적막하게 마주쳐야 했던 추억일 뿐일 거라고 믿기도 했었지

결국, 우리들의 영토에 봄은 오고, 목련이 지면 개나리가 선뜻 나서 피는 봄이 오고, 산벚꽃 함께 산수유도 자지러지게 피었지. 하늘 아래 살고 있는 모든 것들이, 아- 기분좋다 소리지르고 둥실둥실 두둥실 신이 났었지

불안해서 서산으로 숨던 해는 윤기 나는 얼굴로 다시 솟아오르고, 한낮의 호접몽인가, 죽음의 공포는 너울너울 춤을 추는 나비가 되어, 빛고운 나비가 되어 멀리 날아갔지

구이 九耳

귀가 두 개인 나도 황망한데 귀가 아홉 개나 되는 구이는 몹쓸 소리 많은 세상에 얼마나 산란할까. 가을이 한창이라 산과 들은 고향인 듯 낯이 익고 구이저수지 물결에 먼 산 풍경이 아련히 흔들린다. 경각산 총각이 모악산 처자에게 청혼을 했었다는 전설이 사실인 거야. 경각산 꼭대기에서는 패러글라이딩이 지금도 쉬지 않고 연애편지를 실어 나른다. 하이델베르그 보다 더 아름다운 상학, 하학, 신뱅이, 호수마을에 사랑의 엽서가 수북히 쌓였겠다

나, 그동안 하루하루 지내며, 심심해서, 거절하지 못해서 하릴없이 마신 술이 구이저수지 두 개 반이 넘는다고 우기며 살아왔건만 둘레길 걸으며 눈대중으로 대충 재보니 그동안 허풍이 너무나 심했었구나. 술박물관에 점잖게 앉아 있는 술병 들에게 미안하다고 눈짓이라도 한 번 찡긋하고 지나가야겠다

 울 어머니 두방리댁 소싯적 고향이 두방리라, 정겨워 걷는 내내 가슴 안에 꼬옥 품고 걸었더니 망산 마을 지날 때쯤 두방리 풍경들이 모락모락 뜨거운 김이 솟아나고 있었다

와운리 臥雲里

인생은 뜬구름이라기에
구름을 한 번 만져 보고 싶었다

구름을 만져 볼 요량으로
구름이 누워있다는
지리산 중턱 와운리에 갔다

와운리에 다가갈수록
구름은 흐릿하게 형체를 지우며
자꾸만 아득해지고
바람을 따라서
멀리 안개 속으로
사라지고 있었다

푸르고 건장한
키 큰 소나무들이
우뚝우뚝 서서
구름은 구름일 뿐이라고
와운리를 지키고 있었다.

전주비빔밥

 온고을, 전주全州에 와보시라
 와서, 설레는 가슴으로 부빔밥을 맛보시라
 사람이 하늘이라 믿으며 사는 우리네 사철의 맛, 예서 맛보시라
 절구질로 쌀 한 되, 소머리 고아낸 물
 아삭아삭 콩나물이며 오방五方 빛깔 가지가지 나물들
 해 뜨고 달 지고 달 뜨고 해 지고
 동서남북 산과 들, 바다가 함뿍 담긴 전주비빔밥
 골동반骨董飯이요 화반花飯이라
 마주 앉아 한바탕 비벼보시라
 비비고 비비니 즐거웁구나
 섞고 섞이니 멋진 조화로구나
 온몸을 휘감는 맛의 교향악
 세상살이 결국 이 맛이로다
 삶의 격조가 이런 것 이러니
 서로 다른 가운데 제 삶을 살아가는 화이부동和而不同 세상에
 격조가 이런 것 이러니
 진정한 맛의 격조는 이런 것이러니!

달궁

달궁에 가보라. 달궁!
그 옛날 마한의 효왕*도 숨어든
그윽히 깊은 계곡, 달의 궁전

나무들 모여 끝이 먼 숲을 이루고
숲은 첩첩 삼도三道 아우르는
삼림대로 뻗쳐 올랐다

비탈에서조차 곧추서
나무들 하늘 향해 의젓하고
계곡 따라
있어야 할 제자리에 좌정한
묵직한 바위들
사이사이 휘감으며 유장히 흐르는 석간수
더는 비할 데 없어 느긋한 골짜기

달궁에 가보라
홍진 세상 등진 지
풍진 세상 비켜선 지
이미 오래인
거기, 달궁에 가보라
달궁!

*효왕 : 백제, 진한, 변한의 공격을 피해 지리산에 도성을 쌓고
천혜의 요새인 달의 궁전을 지어 살았다는 마한의 6대 임금

망해사 望海寺

김제 망해사에 왔다
바라보이는 그 모든 것이 수평을 이루어
오직 수평만 보인다는 망해사에 왔다

저 멀리 아득한
만경 진봉 청하의 들판을 보라
노랗게 익은 가을 벼들이 거대한 수평을 이루어
끝모르는 지평선을 향하여
넘실넘실 물결치고 있지 않는가

또한 보라
수평으로 뻗은 장대한 아리울 방조제
그 너머 황해를,
푸른 파도들이 아스라이 수평을 이루어
바다 끝 수평선을 향하여
도도히 출렁이고 있지 않는가

고개 들어 바라보라
발묵發墨의 수묵화처럼 피어오르는
흰 구름과 더불어
수억만 년 수평을 이루어
천지 만물에 한없이 공평한
저 하늘을 바라보라

기린봉

전주 사람들은
기린봉을 바라보며 산다
촛불 닮은
기린봉을 바라보며 산다

기린봉은
촛불처럼 꼿꼿이 서서
아프고 저린 소리를
하루 종일 귀대고 듣는다

어둠이 짙어오면
징소리처럼 외치지 않고
밤새워 속 깊이 재웠다가
아침 해를 띄워 올린다

촛불은 날마다 기도를 들어주는
우리들의 작은 하나님이다

촛불은
쉼 없이 타올라
때로는 흔들리며 흘러가는 물결을 이룬다

전주 사람들은
기린봉을 바라보며 나직이 산다

섬마섬마 서다

변산반도 산들을 보며
고군산군도를 향해 달린다.

높은 산 아래 낮은 산이 서 있고
낮은 산 위에 높은 산이 서 있구나
산들은 그렇게 서서
저마다의 제 이름을 가졌다
제 이름을 갖고
풍설 속에서도 반듯이 서 있는 것이다

바다에 섬들이 서 있구나
물결로 숨 쉬는 수평의 바다에 섬들이 서 있구나
낮게 혹은 높게 섬들은 서 있구나
섬들도 제각기 서서
저마다 제 이름을 갖고
험한 풍우 속에서도 묵직하게 서 있는 것이다

산처럼 그렇게 서라
섬처럼 그렇게 서라
흔들리며 서 있는 나에게서
우리 할머니, 우리 어머니

안타까운 두 손 차마 놓으시고
섬마섬마 조바심으로
나를 세우셨구나
섬마섬마 그렇게
나는 섰구나

대장금 마실길

대장금 마실길을 걷는다
세상이 다 안다는 대장금 씨
정읍 산내면은 알아도
산내면에 장금리가 있고
장금리가 바로 고명한 당신의 이름을 가진
당신의 고향인 줄은 몰랐습니다
세상살이 미안한 일 많지만
오늘은 속절없이 미안합니다

장금리 장금산엔 뻐꾸기가 많이 산대요
꾀꼬리, 까치, 꿩도 살구요
고라니, 너구리, 산토끼, 멧돼지도 산대요
오늘은 만날 수가 없네요
내가 미안해할까 봐 숨었겠지요

느낌표를 줄 수밖에 없는 황토마을 지나
춘란추국의 뜻으로 세운 난국정에 머뭅니다
바람골은 역시 바람골이라고 세찬 바람이
미안한 내 얼굴을 실컷 두들겨 주네요
바람골엔 사시사철 산빛 곱고
하늘 닮아 푸르다는 옥정호의 물결조차

세차게 흘러가더라구요

대장금씨,
오늘은 미안해서
하염없이 그냥 걷겠습니다

늦가을 색장리 풍경

전주천이 느릿느릿
앞산을 감싸며 흐르고
흰 구름 몇 점이 서쪽 하늘에서
한가로이 서성인다
조랑조랑 매달린 몇 개의 떡감을 남겨둔 채
마을 어귀 감나무들이 옷을 벗는다
텃논의 벼 이삭들 고개 숙이며 익어가고
황혼이 흙담 위 호박을 노랗게 데운다
모두가 도시로 떠나버린 한적한 고샅 끝
누렁이 한 마리 물끄러미 귀뚜리를 바라보며 졸고
몇 마리 잠자리가 헤매던 들판에서 돌아온다
관촌 쪽에서 슬금슬금 어둠이 다가오자
색장리는 어느새 적막 속에 잠들고
밤하늘에 고단한 별들만
물먹듯이 깜박거린다

산벚꽃

분홍인 듯, 하양인 듯
산벚꽃 흐드러지게 핀
먼 봄 산을 바라본다
온 산 가득히 화사하고 화려하구나

앙상했던 겨울산이
겨우내 이렇게 화려한 혁명을 꿈꾸었구나
아- 그래 다 계획이 있었구나
봄 산의 저 화사함에 나는 드디어 괄목하고
어제의 근심이 오히려 염치없구나

아늑한 일상은
노상 꾸는 꿈이지만
서산에 기대어 해가 지는 오후면
시들어가는 나무처럼 축 늘어진 아저씨!
앞산 봄 산에 화창하게 핀 산벚꽃을 보세요!
빛으로 빛나는 광장의 혁명처럼 온 산을 점령한
저 사월의 기고만장한 함성을!

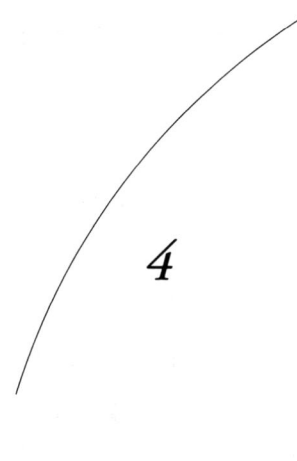

4

봄이라 꽃피는구나

그래, 봄이라 꽃피는구나
이 봄에 피어나는 꽃들을 바라보는 일보다
더 가슴 벅찬 일이 어디 있으랴
찬 서리 매운 바람으로 여미어 피어난 꽃들이
천지사방을 이렇게나 찬란하게 호사시킬 줄이야
하여, 피는 꽃들을 어찌 사소히 바라보랴

마주침만으로도 설렘에 땀이 솟는 뜨거운 이마와
웃으며 눈 맞추는 선한 가슴들을 만나기 위해
꽃들은 푸른 하늘로부터 내려와
이 땅 위에 이리도 아름답게 피어나는 것이다

세상에나
세상에나
봄이라 꽃피는구나
봄이라 꽃피는구나

친구야

드디어 이슬이 내리기 시작했다
꼿꼿이 서 있던 술병들이 제 몸을 비우고
한숨까지 다 비우며 나뒹굴 때
친구야 내 가슴도 드디어 텅 비어 가는구나

하도나 공정한 세상이라
황량한 이 세월
용케도 잘 살았노라고
친구야 너는 외마디로 소리치는구나
토성으로 가버릴 거다!
달나라로 가버릴 거다!
너의 목소리는 점점 거칠어지고
저 허공에도 이슬이 맺히기 시작했다

글썽이는 눈을, 젖은 술병을
유해가 되어버린 한때의 꿈을
유행가 가락으로 버무리면서
친구야 너는 차갑게 식어버린
시래기국을 마저 마신다

친구야
저주처럼 자주 찾아올 것 같은 이 밤,
옥례한테 가서 돌모산 구불길이나 실컷 쏘다닐까

목화꽃 사랑

자야, 어차피 허망한 추억들이
또 한 겹 가로에 수북이 쌓이겠구나
이 늦가을 된서리 내리고 나면
우리는 다시, 사랑을 시작해야 하리
이왕이면 목화꽃 같은 사랑이었으면 좋겠다

겨우내 양지녘 모노화*로 잠들었다가
봄이면 하얗게 피어나
가을 서리 맞으며 분홍으로 이우는 목화꽃
바람 불어도 사분대지 않으며
살포시 향기 풍기는 목화꽃

자야, 우리 사랑은 유치할망정
사치스럽지는 않을 거야
애기토끼풀처럼 따사로울 거야
달빛 아래서도 수더분히 빛나고
싸락눈, 실비도 어쩌다가 내리는
누추하지 않은 사랑일 거야

자야, 우리 사랑은 봉오리마다 꽃피고
꽃진 자리 다래 맺어

목화솜 차곡차곡 소복이 여무는 사랑
무심한 세월 속 우리 사랑 노곤해도
겨울날 아랫목 따끈히 지키는
목화솜 누비이불 그런 사랑이었으면 좋겠다

*모노화 : 허기로 숨져가는 딸을 살리기 위해 자신의 살점을 먹이고 죽은 엄마의 무덤에서 싹이 자라 하얗고 부드러운 솜이 나왔다는 전설 속의 목화꽃 이름

당신의 길

숲속에서 오래 살아온 사람은
얘기하데요, 인생은 숲길이라고
꽃길만 걸어 온 사람이 얘기하데요
인생 뭐 별거냐고, 온통 꽃길이라고
사막을 건너온 사람은, 인생이 사막이라고
바다를 벗 삼아온 사람은, 바다가 인생이라고
그래요, 당신도 그렇게
당신의 길을 가시면 돼요
당신의 길을 가시라구요

별

저 하늘에 살고 있는
하고많은 별들
오늘도 반짝이며 빛납니다

반짝이며 빛나는
저 많은 별 들 가운데
지우고 싶고 잊고 싶은 별은
하나도 없습니다

내가 사는 이 지구에도
하고많은 사람들이 삽니다

이 많은 사람들 가운데
지우고 싶고 잊고 싶은 사람이
하나도 없으면
정말로 하나도 없으면
지구에 살고 있는 사람들도 모두
하늘에 별처럼 반짝이며 빛날까요

나는 맵쟁이를 사랑합니다

나는 맵쟁이를 사랑합니다
기운차게 흐르는 물살은 없고
물기만 버슬버슬한 개울가의 맵쟁이,
이름도 촌스럽게 사람들은 여꾸라고 부릅니다
마디조차 없이 밋밋한 줄기는
초라한 행색의 이파리들을 그래도 잘 떠받듭니다
줄기는 또 참 볼품없이 작은 꽃들도
열심히 피워냅니다
내 고향마을 앞 작은 다리 근처엔
초라해도 매콤하기라도 한 맵쟁이는
하도나 많이 피어나서 여꾸다리라고 부릅니다
나는 고향마을의 맵쟁이 때문에
맵쟁이를 사랑하였고
맵쟁이 말고도
이 세상에는
혹여 내가 사랑할
초라해서 하찮지만
맵상한 또 그 무엇들이 있을 거라고
가끔은 골똘히 생각합니다

나는 둥근 공을 좋아합니다

나는 둥근 공을 좋아합니다
둥근 공은 혼자서도 잘 굴러갑니다

나는 둥근 바퀴를 좋아합니다
둥근 바퀴는 아주 멀리까지도 잘 굴러갑니다

나는 둥근 달을 좋아합니다
둥근 달은 이지러져도 다시 둥글게 빛납니다

나는 둥근 지구를 좋아합니다
둥근 지구는 하늘이 어두워져도 멈추지 않고 돌기 때문입니다

나는 이 둥근 지구에 사는 사람들을 좋아합니다
그중에서도 둥글게 생각하며 사는 사람들을 더 좋아합니다
둥글게 생각하는 사람들은
저 가파른 산 너머 외로운 사람들도
따뜻하게 챙기며
사는 사람들이기 때문입니다

구절초 꽃

오늘은 갑자기
꽃이 보고 싶다는 생각이 들었다

꽃을 보러
뒷산에 올라갔다

구절초 꽃들이
나를 기다리고 있었다

꽃을 보면서
하늘을 바라보았다

하늘에 새 한 마리가 날아가고 있었다
너의 얼굴이 떠올랐다

너의 얼굴을 지우려고
구절초 꽃 사이를 온종일 걸었다

나는 수선화 한 잎을 사랑한다

나는 수선화 한 잎을 사랑한다
그 가늘고 여린 수선화 잎들이 세워 올린 꽃대궁을 사랑한다
꽃대궁 끝에 애달피 핀 한 송이 수선화꽃도 사랑한다
내가 가늘고 여린 수선화 한 잎은 사랑한다는 것은
금잔화 한 잎도, 한 송이 금잔화 꽃도
가늘디가는 여치의 굽은 다리도,
하늘다람쥐 겁먹은 뽀얀 눈동자도 사랑한다는 말이다
애달픈 것들을 사랑하자
애달픈 것들은 이 땅에 모여 산다
내 눈에 보이지 않는 애달픈 것들
그 보이지 않는 것들도 나는 수선화 한 잎처럼 사랑한다

따뜻한 손 하나

바람 한 떼가
탱자나무 울타리 너머로
거칠게 몰려간다
그 어딘가에   겨가는
그 누군가가 있나 보다

흩어지는 바람에
탱자나무 잎들이
우수수 떨어진다
그 어딘가에 주저앉는
그 누군가가 있나 보다

한밤중 에사
잠드는 바람 사이로
별 하나가 빛난다
지친 누군가의 가슴에
따뜻한 손 하나가 얹어진다.

풍금 소리

내가 다니던 초등학교는 가슴에 커다란 이름표를 달고 파란 언덕 위에 길게 누워 있는 학교였습니다 운동장 남쪽에는 키 큰 벚나무들이 한 줄로 나란히 서서 봄이면 하얀 빛깔, 분홍 빛깔 꽃들을 수북이 쏟아내곤 하였습니다

학교 처마에 높게 메달린 학교종을 바라보며 학교에 들어서면 걸을 때마다 낡은 복도가 삐그덕거렸습니다. 삐그덕거리는 소리는 어느 교실에선가 들리는 풍금 소리오 함께 유난히 크게 들렸습니다. 학교에 한 대밖에 없는 풍금은 종이 울리면 긴 복도를 따라 다른 교실로 드르륵 드르륵 옮겨 다녔습니다. 교실에선 "날아라 새들아 푸른 하늘을, 달려라 냇물아 푸른 벌판을" 같은 동요가 힘차게 울려 퍼졌습니다. 우리는 뚱뚱이 여선생님보다 홀쭉이 여선생이 치는 풍금 소리가 더 아름답다고 생각했습니다. 우리는 홀쭉이 여선생님이 교실에 들어오기를 늘 고대하였습니다. 뉘엿뉘엿 해지는 석양 무렵이면 운동장 끝까지 풍금 소리가 들리는 날도 있었습니다. 홀쭉이 여선생님이 늦게까지 풍금치는 연습을 하는 모습을 떠올리며 우리는 풍금소리에 온몸을 기울이고 한참을 서 있다가 집으로 돌아가곤 하였습니다

나는 사랑이란 말을 참 좋아합니다

나는 사랑이란 말을 참 좋아합니다

사랑이란 말 속에는
아름다움이 빼곡히 차 있기 때문입니다

반짝반짝 빛나라고
지금도 하늘에서 별을 닦고 계시는 어머니
다 헤진 몸뻬바지 입고, 행주 들고, 빗자루 들고,
부지깽이 들고, 호미 들고
굳은살 박인 손발로
산으로 들로 바쁘게 내달리며
길고 거친 세월을 다듬어오신 어머니
그 세월은 지성으로 다듬어온 아름다움이라
온전한 사랑으로 가꾸어온 아름다움이라

나는 사랑이란 말을 참 좋아합니다

오월

퇴계 선생, 율곡 선생의 청춘도 이 오월 같았으리라
선한 푸르름이 이리도 열정처럼 진하게 뻗어나다니
억만 개의 햇살이 천지 만물마다 빛으로 솟아오르고
햇살 받은 땅 위의 뭇 생명들이 꿈틀꿈틀 꿈틀거린다
꿈틀거리는 생명들마다 넘실넘실 넘쳐나는 자유여라
넘실대는 자유의 몸짓으로 사랑은 순결히 솟아나고
희노애락은 다 사랑이라 순결함으로 긋는 삶의 획들
5월의 푸른 광장에 살아 숨쉬며 출렁출렁 출렁인다

나이 든 청년의 노래

오호-이 아침에
유난히 눈을 크게 뜨고
다가오는 바다
아직도 선명하게
넘실넘실 설레고 싶은 바다

사실 뭐가 뭔지 알아차리고
받아 든 세상은 아니었지
홈런볼처럼 느닷없이 받아 든 거지

지금도 하루하루 발랄하게 사는거야
산뜻한 공기를 스으읍 빨아들이는
네모난 창문은 항상 열어놓자구
둥글고 예쁜 빛깔의 공이 한 번쯤
날아들지도 모르잖아

별이 빛나는 밤에는
연애도 하러 가야지
좋아 죽겠다는 누군가가 있어
싱크로나이지드한 사랑을 할 수도 있을 거야

밤은 아직도 짧기만 하여
생각의 상자들이 야적장의 컨테이너처럼 쌓여 있어

나도 한때 젊어도 봤다는 도도함으로
달겨드는 것들 모두
태양의 흑점처럼 품에
안아 버리자구

어느 날
저 넓은 들판에 나가
덤벼 덤비라구!
덤빌 테면 덤비라구!

어린이는 풀잎

어린이는 풀잎이다
봄 동산의 풀잎이다

달리고 넘어지고 깨지고
울다가 웃고 웃다가 울며
상처가 무엇인지, 아픔이 무엇인지를
알아가는 것이다

구슬치기, 딱지치기, 가위바위보 하며
이기고 지는 이치를
익히는 것이다

시소 타고, 미끄럼 타고, 오르내리며
마침내는 제 자리에 오고야 만다는 것을
터득하는 것이다

봄 동산에서 네잎클로버를 찾는 일이
얼마나 허망한 일인지를
깨닫게 되는 것이다

풀잎들아, 봄 동산에 풀잎들아

햇빛 듬뿍 쏘이고 바람도 거스르며
청동 빛깔 얼굴로
지축이 흔들릴 때까지
마음껏 내달려라

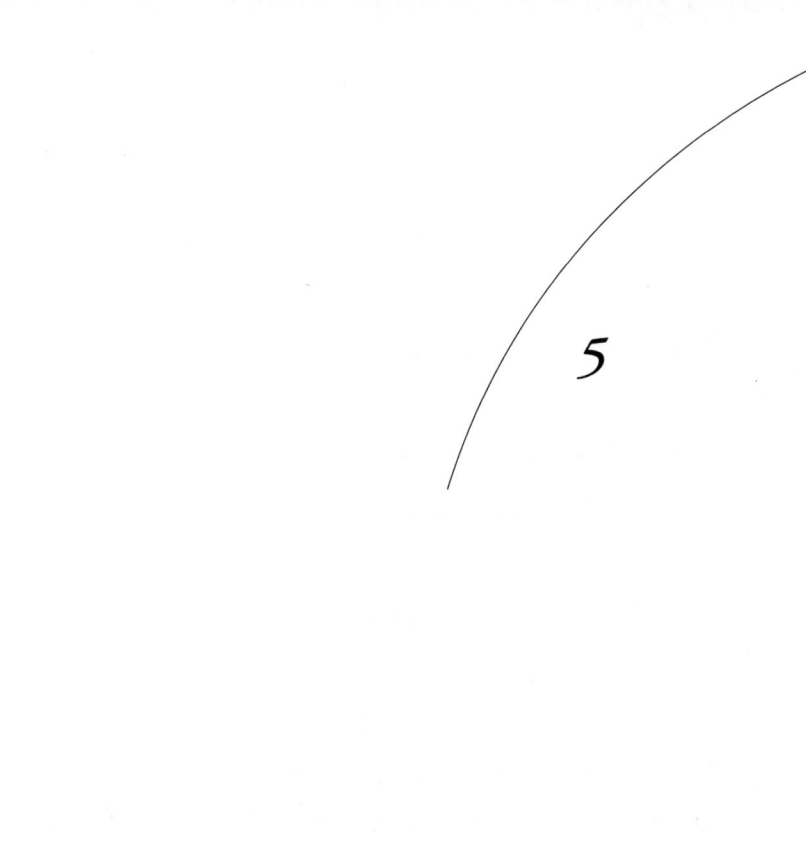

5

허허허 봄!

허허허 봄!
사방 천지에 지랄을 해놓았구나!

남천 둔치가에 초록빛 물감을 잔뜩 엎질러 놓았구나
찢긴 연두빛 망사를 온몸에 걸친 수양버들
바람에 휘청이며
훌쩍 하늘로 날아갈 태세로구나!

진한 먹빛 푸르름으로 줄 지어선
학산, 남고산, 만덕산, 중바위, 기린봉
밤새워 흩뿌려 놓은 연분홍 빛깔, 산벚꽃 물결
하이고야 눈이 시려 죽겠네!

이 미친 봄에
나는야
한벽루, 청연루 오가며
네 다리 쭈욱 뻗고
벌러덩 누웠다 앉았다,
이 산 저 산 퍼질러 놓은
꽃구경이나 실컷 하다가
황방산 너머로 지친 해가 기울면

슬금슬금 청수동 집으로 기어들어가
꽃 꿈이나 진하게 꾸면서
넋 떨어진 듯 넋 떨어진 듯
깊은 잠에 취해 볼란다

잔디, 너를 밟는다

천성이려니
그러려니 하고 사는 거냐
나지막이
고만고만한 자세로
이렇게 사는게 그리도 좋은 거냐

애시당초
화사한 꽃일랑 피울 생각도 없었나
아프면 아프다 말해야지
밟히면 더 아프다고 소리질러야지
소리 지르다 목메어 기진해 버릴지도 몰라

노상 그렇게
괜찮다는 표정으로
다시 일어나
그리도 쉽게
순종하는 모습이라면
잔디, 너를 밟는다

모래

먼지가 되지 않는다면
무엇을 탓하랴

바위가 될 수 없다면
모래인들 어떠랴

모래야, 먼지가 될 성 싶으냐
모래야, 진정 바위가 되고 싶으냐

모래야 모래야
모래밭에 모래야
고만고만한 모래끼리 모여서
서로 어깨 기대고 사는
모래밭에 모래야

먼지가 되지 않는다면
무엇을 탓하랴
바위가 될 수 없다면
모래인들 어떠랴

동물의 왕국

나비는
고통조차도 아름답게
팔랑거린다
날개가 있어도 날지 못하는 타조는
두 발로도 날 듯이 달린다
날개도 다리도 없는 뱀이
두려워 못 가는 곳은 없다
사자가 밤마다 포효하고
물범이 물속에서 헤엄치고
날치가 활공하듯
박쥐는 거꾸로 매달려 산다

그래, 그렇게 사는 거야
밥을 찾아서 적을 무찌르고
짝을 찾아서 사랑하는 일까지도
세상에 살아있는 것들은 모두
그렇게 사는 거야
사악함이란 없어, 비겁하지도 않아
너는 고행이라 하고
나는 열락일 뿐

낙엽

봄날의 기약인 거야
서리 내리자
가을 잎들이 행장을 챙기네
황량한 겨울 들판으로
한 잎 두 잎 떠날 채비를 하는 거지

낙엽이 와르르
어느 날 한꺼번에 지든가
절망이 쫘당 하고
어느 날 갑자기 오든가
아마도 내 안의 막연한 흔들림처럼
서성서성 그렇게 오는 거겠지

하지만 기억하게나
겨울 낙엽들의 심상치 않은 만유漫遊를
맨몸으로 겨울 들판을 온종일 나뒹굴고
길섶 한켠에 웅크리고 앉아
밤을 새우던 낙엽들도
봄날이면 어김없이 산천을 윤기로 물들이며
연초록 새싹으로 한꺼번에 솟아난다는 것을

아직도 빛나는 저 별들

애달픈 유행가 곡조처럼
이 밤에도 시간은 노곤히 흐르고
누군가에게처럼
나에게도 끊임없이 다가오는 그 무엇들

시간이 흐르면 흐를수록
익숙해져야 할 것들이
마치 처음인 듯
왜 나에겐 자꾸만 낯설게 다가오는 걸까

이 나이에 나에게 다가오는 것들은
제 스스로 처음이거나
적어도 나에겐 첫 마주침이기 때문일까
아닐 거야, 시간의 흐름 속에서
시간과는 정반대 방향으로
나는 흐르고
하여, 세상의 눈동자들로부터
내가 서서히 멀어져 가고 있기 때문일 거야

그렇다면, 나는
시간이 흐르면 흐를수록

나에게 다가오는 것들과
자꾸만 멀어지고 희미해져서
영영 보이지 않는 그 어디쯤에서
결국 멎어 버리고야 말겠지

아-
지구를 휘감고 있는 이 어둠 속
한없이 떨며 아직도 빛나는 저 별들은
수억 광년의 거리에서
수억 년 전에도 밝게 빛나는 별이었다

산수풍경 山水風景

구름은 하늘 휘휘 쏘다니며
한가로이 노닐고
솟아난 산들은
태연히 흐르는 강 하나를 허리에 둘렀다
산봉우리마다 푸나무들은 절로 무성하고
이 골 저 골 거침없이 나르는 산새들
제법 그럴싸한 산수풍경山水風景을 이루고 있구나

묵직한 바위들 계곡 따라 넉넉히 터 잡고
흐르는 석간수 투명한 물길에
갸우듬히 떠가는 푸른 잎사귀,
풍진風塵 세상으로 간간이 흘러간다

끊어진 듯 이어진 긴 숲길
바람 등에 지고 서둘러 가는 저 사람
오늘은 낯익은 산짐승을 만났나
휘파람 불며 가네

우리가 물이라면

우리가 물이라면
아래로 아래로만 흐르는 물이라면

수평이 이루어졌을 때
비로소 평온 속에
하늘이 비춰드는 물이라면

네모와 함께라면 네모가 되고
세모와 함께라면 세모가 되고
너와 함께라면 항상 네가 되는
우리가 그런 물이라면

아득히 먼 길이라도
흐르고 흘러
드디어 너에게 닿고야 마는
우리가 그런 물이라면

뿌리

산천초목은 어찌하여 푸르르며
왜 이리 오래도록 짙푸른가

대지에 뿌리를 내리고 있음이며
깊이깊이 뿌리를 내리고 있음이라

뿌리여 뻗어라
깊이 뻗어라
뻗을 수 있는 데까지 끝까지 뻗어라
견딜 수 있다
지킬 수 있다
드디어 그 무엇도 너를 흔들 수 없다.

네가 뻗어나간 만큼
긴 세월 견뎌온 상처조차 푸르게 돋아나고
흔들리며 지켜온 아픔도 깊어지리라

뿌리여!
뻗어라!

잔디의 꿈

햇빛 눈부신 날
눈비 내려 스산한 날
아니, 바람 휘돌아 부는 날
어느 날에도 잔디는 묵묵히 평온하다

꿈꾸지 마라
구석기시대보다 청동기시대가
청동기시대보다 철기시대가
더 포근했었다고
잔디는 결코 말하지 않는다

자유, 평화, 진리, 순수, 정의
애매한 것들, 막연한 것들, 추상적인 그 어떤 것도
잔디는 모른다.
모르는 체 하는지도 모른다

잔디가 눈 비바람에 누웠다 일어서는 사이에도
보이지 않는 잔디의 뿌리들은
다만, 촘촘히 연대를 짤 뿐이다
더 억세게 스크럼을 짜는 거다
그것뿐이다

햇빛

한 잎 두 잎
애달픈 기억처럼 떨어지는
낙엽길 걸을 때
외로운 기러기 먼 산을 날아간다
시나브로 서쪽을 향해 가는 해
아직 남은 햇빛이
지친 너에게 축복처럼 쏟아진다

넌 눈이 부셔 바라볼 수 없고
어떤 외로움 같은 것
작은 슬픔 같은 것
아쉽기도 하고 가슴 찌릿한 것
어찌어찌 어설프게 지나온 것
그러면 그렇지 다행이야, 소소한 것들이
남은 햇빛에 물들며
서산으로 넘어간다

옥상의 비둘기

비 개인 창밖을 보니
요란했던 간밤의 폭우가 언제 있었냐는 듯
옥상의 비둘기들이
한가로이 모이를 쪼아먹고 있다

여기는 요즘 가장 핫하다는 용산 삼각지-
비둘기들은 알 리가 없는
숱한 파란의 역사 남산이 보이고
거리를 메우며 흘러넘치는 촛불의 함성도
가슴을 치는 이태원의 통한도 모르는 채
비둘기들은 참 평화롭게 모이를 먹고 있다

- 우리는 평화의 상징이니까 세상이 어디로 흘러가던
평화로운 모습을 보여주기만 하면 돼. 사람들은 우리
비둘기들의 안녕을 위해 먹이를 주고 보금자리까지
만들어 주지. 우리는 다만 미안하니까 가끔 고개를
죽지에 깊이 박고 몸을 부르르 떨면서 구구구 서러운
연출을 하기만 하면 되는 거야

참 좋겠다. 비둘기들은
평화의 상징일 뿐이니까

방아깨비

황방산에 다녀왔다
옷을 벗자 방아깨비 한 마리가
포르르 날아서 벽 위에 앉는다

당황스럽다
빨리 창문을 열고 창밖으로 날려 보내자
오- 이 자비로운 결단!

밤이 되었다. 잠이 오지 않는다
제 삶의 터전에서 너무 멀리 와버린 방아깨비!

나무도 풀도 없는 이 도회에서
얼마나 당황스러울까
몸을 절룩거리며 얼마나 방황할까
갈 곳 몰라 헤메이다
콘크리트 전신주에 앉아 잠시라도 쉴 수 있을까
날다 날다 지쳐 명을 다하지는 않을까

아-부끄러운 잠깐의 당황스러움!
아-부끄러운 너무나 자비로운 결단!

유랑인

나는
아침이면 쫓기듯
횡하니 뛰쳐나가
이 골목 저 골목
진종일 헤매는 유랑인이다
어둑어둑
지친 해거름이면
비로소 내 집에 돌아가는 방랑자다

날마다 어깨 숙이고 기어들어가
노곤한 숨소리 함께
헤벌쭉 사지를 털썩 내려놓는다

동서남북 사방으로 벽을 치고
높게 혹은 낮게
크게 혹은 작게
제법 알맞게 배치해 놓은 창문을 매단 집에서
참으로 긴 세월
나는 수정자본주의를 꿈꾸어 왔다
별이 무성한 하늘이 창문에 비친다.
허파까지도 시원한 공기가 몰려온다.
오호- 나는야
오늘 하루쯤은
무정부주의자여라.

발시 跋詩

아-오늘도 해는 떠서
동에서 서로 흘러간다

삼라만상 억조창생 가운데
한 점에 불과한 내가
혹시나 하늘에게
역시나 뭇사람들에게
행여 부끄럼은 없는지

산다는 일이
어허허-껍데기처럼 허망한 줄 알지만
봄날의 새순 같은 순수며
능금의 속살 같은 진실이 때로는 부럽다
뜨겁게 꿈꾸며
헛되지 않게 땀 흘리는 일
좋지 않은가
살아가며 게으르고 어리석지는 않은지
누군가의 고단함과 아픔을 알기나 하는지

친구여
가도 그만, 아니 가도 그만인

저 우뚝한 산 너머가 가끔은 궁금하다
오늘도 나는 너를 기다린다

하늘 한가운데를
낮달이 빈 배 되어
흐노니 흘러가고 있다.

평설

자연에서 삶의 원리를 성찰하는 서정주의 시학

양병호
(시인, 전북대학교 국어국문학과 교수)

송하진 시인은 바지런하다. 송하진은 한곳에 정착하거나 안주하지 않는다. 시인은 바람처럼 종횡무진 시공간을 주유한다. 그는 구름처럼 유유자적 산하를 유랑한다. 그러나 방황하거나 배회하지 않는다. 그는 시간을 허송하거나 접촉 대상에 대해 무관심하지 않다. 그는 이곳저곳을 순례하며 만나는 모든 사물과 눈맞춤을 한다. 그는 접촉 대상과 무연의 관계이지만 소박하고 따뜻한 애정을 투사한다. 세계내의 모든 존재는 더불어 살아가는 존재 특성을 지니고 있다. 그는 자신이 세계내 존재임을 자각하고 있다. 그로 인해 세계는 그를 중심으로 거대한 연쇄망을 구축한다.

그는 이곳저곳을 쉼 없이 방랑한다. 새로운 공간과 시간 속에서 신선한 감각을 발양하려 애쓴다. 기실 머물러 있으면 사유 작용은 정체된다. 제한된 시공에서 접촉하는 대상은 반복성과 동일성으로 인해 고정된 모습으로 다가올 뿐이다. 하여 지루하고 권태로운 삶을 제공한다. 그는 무료와 권태를 용납하지 않는다. 그는 탐방하는 곳에서 만나는 사물들과 신선한 관계를 맺고 청신한 의미를 창발한다. 그가 접촉하는 세계 내의 사물은 영감과 시상을 자극한다. 그는 상상력을 발동하여 거침없이 시를 적어낸다. 이것이 송하진 시인의 주요한 작시 태도이다.

송하진의 시는 일정 부분 기행시의 면모를 드러낸다. 그러나 그는 기행을 통해 자극받은 감흥 자체보다는 마주치는 사물과의 소통을 통해 인생관과 가치관과 세계관을 표상하는 데 주력한다. 그는 친자연주의자이다. 자연을 존중하고 애호하며 숭앙한다. 삶의 지침이나 교시를 자연의 원리에서 찾는다. 자연의 강령에 따라 삶의 이정표를 세운다. 자연이 가르치는 원리와 질서에 순응하여 삶이 이루어지길 기대하고 실행한다. 자연의 교시를 통해 학습한 삶의 주요 목록은 무욕의 삶, 자유로운 삶, 성실한 삶 등이다.

하여 그의 시는 낭만주의와 순수서정주의 성격을 띤다. 물론 그의 상상력은 동양문화의 세례를 충분히 받은 흔적을 보인다. 예컨대 유교의 근검한 궁행실천 강령, 불교의 연기설 상상력, 도교의 초월적 신선 사유, 노장의 무애 자유사상이 시편마다 돋을하다. 그에게 시는 자아를 성찰하고 가치관을 정립하는 학습의 과정으로 작동한다. 나아가 인생관과 세계관을 형성하는 정진 수련의 결과물로 기능한다. 그의 시는 미래의 성실한 삶에 대한 각오를 밝히거나, 고졸 담백한 무욕의 삶을 다짐하거나, 시련이나 역경에 굴복하지 않는 치열한 응전의 자세 등을 표방한다.

시인은 이와 같은 시적 주제를 솔직 담백하게 형상화하는 작시법을 보인다. 달리 말해 현란한 시적 표현 방식을 거부하고 느낌이나 정서를 직설적으로 표현하는 방식을 선호한다. 화려한 수사학이나 난해한 상징적 의미를 활용하지 않는다. 예컨대 그는 무기교의 기교를 사용하여 표상하고자 하는 주제를 수수하게 드러낸다. 독자에게 쉬운 독법을 배려하는 친절하고 상냥한 작시 태도를 고수한다. 하여 그는 시적 대상 혹은 독자에게 소박하게 말을 건네는 어법을 즐겨 채택한다. 또는 시적 발상이나 감흥을 일상에서 대화하듯이 토로하거나 진술하는 성향을 보인다.

　송하진 시인의 작시법은 쉽고 자연스럽다. 그가 취사 선택하는 시어는 일상어, 자연어, 사물어 중심이다. 시의 문장 역시 일상어법의 어순을 준용한다. 표현 방식 역시 난해한 상징이나, 역설, 메타포, 아이러니 등을 절제한다. 이러한 작시 태도는 시인의 천성이기도 하려니와 살아온 이력 때문이기도 한 것으로 보인다.

　송하진 시인은 오랫동안 전주시장과 전라북도지사를 역임했다. 따라서 그의 시는 목민관의 성향을 반영한다. 목민관은 민생 현장을 중시한다. 시민들과 허심탄회한 대화를 즐긴다. 솔직 담백한 소통으로 시민과 교감을 도모한다. 자연의 이법에 걸맞은 보편적이고 공명정대한 업무 지향을 확립한다.

　그의 시는 다양한 시공간을 직접 탐방하여 느낀 서정이 형상화되고 있다. 방문한 시공간/현장에 대한 직접적이고 섬세한 묘사가 특징이다. 이는 마치 민생 현장을 꼼꼼하고 자세하게 파악하려는 목민관의 시선과 유사하다. 사실적이고 일상적 어법으로 소탈하게 말을 건네는 화자 시학은 시민과 격의 없이 진솔하게 대화하는 소통의 과정을 함축한다. 자연의 질서에 순응하는 삶의 자세 혹은 인생관의 표상은 목민관으로서의 바람직하고 모범적인 사표가 되기에 충분하다. 그의 시는 실천궁행으로서의 일기 혹은 메모랜덤의 성향을 띤다.

순하디 순한 벼순이 자라
부끄러움도 모르고 이삭을 뺐다.
만식의 이삭은 통통히 영근 벼를
저를 키워낸 땅을 향해 드리웠다.
그리고는 해탈하듯 벼를 떨구어낸다.
볏짚은 햇빛아래 차근히 눕고
물기조차 없는 바짝 마른 몸이 되어
굵은 핏줄이 선명한 농부의 팔에 이끌려
한 움큼씩 공들여 포개신다.
합장한 억센 두 손 안에서
볏집은 비비고 꼬이고 질긴 새끼가 된다.

세상엔, 꼬일수록
단단히 꼬이면 꼬일수록
쓸모 있는 것도 있구나.

새끼는
저 혼자 따로인 것들을,
흩어져 널부러지고 멋대로인 것들을,
작은 바람에도 흔들리는 것들을,

묶는다.
―「새끼를 꼬다」전문

 이 시는 앞이 무겁고 뒤가 가벼운 4연으로 되어 있다. 그러나 한 행으로 된 마지막 연에서 주제를 강하게 드러낸다. 예컨대 "묶는다"를 통해 개별 존재들이 하나로 어울려 통합을 이루는 의미를 제시한다. 표면적으로는 벼의 생산

과정인 농경문화 관찰을 통해 '새끼'가 이루어지는 절차를 드러낸다. 그러나 벼가 생산되고 난 뒤 남은 볏짚으로 꼬는 '새끼'는 인간 세상의 어떤 질서 혹은 원리를 함축한다. 그것은 개별 존재들이 모여 이룩하는 사회가 조화와 화합을 조건으로 성립한다는 점이다. 시인은 자연 관찰을 통해 삶과 사회의 작동 원리를 표상하고 있는 것이다.

1연은 벼의 일생을 긍정적 시선으로 섬세하게 관찰 묘사한다. 벼가 자라는 들판의 정경이 순차적으로 선명하고 상세하게 제시된다. '벼'는 단순한 자연 사물이 아니라 사회를 구성하는 개별적인 인간 존재를 표상한다. 그리하여 '벼'는 "순하디 순한" 존재 특성을 함유한다. 사회 구성원인 개별 존재는 모두 선량한 존재론적 성격을 지닌 것이다. '벼'는 생물학적 존재로 자연의 순리에 따라 성장과 계승의 원리를 충실하게 지켜가며 생존한다. 특히 4행의 "땅을 향해 드리웠다"는 개별적인 생명 존재인 '벼'가 위대한 자연을 상징하는 '땅'에 대한 존경심을 표출한다.

시인이 관찰하는 벼의 모습은 "벼순-이삭-벼-볏짚-새끼"의 과정을 따라 진행된다. 즉 벼의 성장 과정을 따라 시상이 전개된다. 5행에서 '벼'는 '해탈'의 모습으로 존재의 변전을 맞는다. 예컨대 '벼'는 후경으로 밀려나고 '볏짚'이 전경화 된다. 시인은 볏짚이라는 존재에 주목하는 것이다. 지상에 남은 '볏짚'은 다시 소멸과 상실의 과정을 수행한다. 여기서 시인은 탄생과 소멸이라는 자연의 이법이 적용되는 과정을 묘사한다. 또 '볏짚'은 낱낱의 지푸라기가 "공들여 포개지는" 합일을 통해 생명력을 유지한다. 이는 조화와 통합의 정신 가치를 표상한다.

농부는 "한 움큼씩 공들여 포갠" 볏짚을 사용하여 '새끼'를 꼰다. '볏짚'이 다시 존재론적 변화를 거쳐 '새끼'로 탄생한다. '새끼'의 새로운 탄생은 농부의 "비비고 꼬는" 과정을 통해 "질긴" 생명력을 지닌 존재로 변환된다. 이와 같이 거듭되는 변전의 순환은 마치 불교에서 말하는 연기설과 다름없다. 특히 새끼를 꼬는 농부의 자세를 '합장'으로 읽어내는 부분에서 강조된다. 물론 앞에 나오는 소멸과 탄생의 순간을 '해탈'로 표현하는 것과 아울러 더욱 그렇다. 그러고 보면 이 작품은 불교적 상상력에 크게 힘입고 있는 것이다. 시인은 자연의 생성과 소멸의 과정을 무상한 연기 과정으로 파악하고 있는 것이다.

시인은 새끼를 통해 세상사의 원리를 읽어낸다. 그는 "꼬일수록" 쓸모가 증대되는 현상을 파악한다. '꼬이다'는 다의어이다. 어떤 것들이 서로 뒤엉켜 서로 감기다, 일이 잘 못 풀려 복잡하게 뒤엉키다, 마음이 바르지 않고 비뚤어지다 등으로 다양하게 활용된다. 여기서 개별 볏짚을 꼬아놓은 '새끼'는 개별 존재들이 하나로 '꼬여'/결합하여 강력한 '쓸모'를 창출한다. 결국 "새끼 꼬기"는 부정 현상을 긍정의 힘으로 변환하는 것이다. 시인의 시선은 현상 너머의 본질을 읽어내는 일종의 역설적 인식이 작동하고 있다.

시인은 "새끼 꼬기" 행위가 다름 아닌 개별 존재들을 하나로 통합하는 목적임을 인식한다. 개별 존재인 '볏짚'의 낱낱은 '따로'인 분리성을, "멋대로"인 산만성을, "흔들리는" 부유성을 지닌다. 이러한 개별 존재의 부정적 존재 특성은 함께 더불어 '꼬임'의 과정을 통해 하나로 통합되어 '쓸모'를 획득한다. 하여 시인은 마지막 연에서 "묶는다"를 강조한다. 이는 "꼬이다-꼬다-묶는다"의 과정으로 변주된다. 즉 '꼬임'의 부정적 현상이 '꼼'의 능동적 행위를 통해 '묶임'의 화평한 통합 상황으로 전환되는 것이다. 결국 이 시는 시인의 목민관으로서의 자세와 가치관을 함축하고 있다.

> 청명한 어느 봄날
> 나는 천천히 모란에게로 다가갔다
> 모란 앞에 서서 모란이 눈치 채지 못하게
> 찬찬히 모란의 얼굴 표정을 살폈다
> 안심한 모란의 문을 조심스럽게 열고
> 나는 두려운 눈으로 모란의 속을 들여다보았다
> 아무 것도 보이지 않았다
> 두 손으로 내 눈을 비비고 목을 길게 늘여
> 더 깊숙이 모란의 속을 살펴보았다
> 모란의 깊은 속 어디에선가 천천히 동이 터오고 있었다
> 깊은 곳 구석구석을 오래 들여다보았다
> 서서히 그 무엇인가가 희미하게 보이기 시작했다
> 나는 용기를 내어 옷을 벗고
> 벌거벗은 몸으로 모란 속으로 걸어 들어갔다
> 바라보면 바라볼수록 모란 속은
> 그 어떤 모를 것들로 가득했고
> 몰입할수록 신비로움이 나를 감쌌다
> 모란을 만나 모란의 깊은 속을 걸으며
> 나는 드디어 모란에 대한 무명無明으로부터
> 벗어나기 시작한 것일까
> 모란이 살며시 팔을 뻗어 나를 껴안았다
> 나는 모란의 품에 안겨 하마터면 눈물을 흘릴 뻔했다
> "이제야 나는 당신을 조금씩 알 것 같아요"
> ―「모란 속을 걷다」 전문

이 시는 매우 몽환적이며 초월적인 분위기를 지니고 있

다. 현실과 환상의 경계가 불분명하며 모호하기 때문이다. 시적 화자는 모란의 내부로 들어가 모란의 본질을 탐색하고 마침내 동화되는 과정에 이른다. 화자는 시적 대상인 모란과의 관계 맺음 과정을 섬세하게 제시한다. 화자는 신비하고 초월적 대상인 모란과의 교유를 통해 동일화하려는 욕망을 드러낸다. 예컨대 화자는 자아 정체성에 대한 성찰과 고민을 통해 참자아를 이룩하려는 의지를 확고히 내보인다. 이러한 측면에서 이 시는 장자의 〈호접몽〉 일화를 떠올리게 한다.

장자의 호접몽은 꿈과 현실의 경계가 본래 모호한 것이므로 끊임없는 자아 성찰을 통해 진정한 자아를 확립해야 함을 강조한다. 우리는 현실을 살아가며 다양한 사회적 역할을 수행하느라 본질적 자아를 추구하는 데 실패하는 경향이 있다. 그러나 인간은 언제나 순수하고 진실한 본질적 자아를 스스로 가꾸고 확립해야 할 당위적 책임을 갖는다. 특히 자본주의와 물질주의 시대를 살아가는 현대인은 '꿈'/이상적 삶의 진정성에 대해 지속적인 고민과 성찰이 필수적이다. 예컨대 진정한 자아의 욕망을 수시로 점검할 필요가 있는 것이다. 하여 내면의 자유에 충실한 본질적 삶을 추구해야 한다.

이 시에서 '모란'은 화자의 이상적 추구 대상으로서 순수 이성 혹은 절대 가치를 지닌 존재를 함의한다. 화자는 만물이 소생 부활하는 '봄날'에 모란의 내부로 들어간다. 화자는 '모란'을 매우 경건한 자세로 대응한다. 심지어 "두려운" 존재로 인지하는 양상을 보인다. 그러나 '모란'은 화자에게 어떤 행동이나 반응을 보이지 않는다. 매우 조심스럽고 신중한 태도로 모란의 내부로 들어간 화자는 모란의 정체/본질을 탐색한다. 화자는 그곳에서 "동이

트는" 상황을 마주한다. 이는 새로운 세계 탄생의 상황을 암시한다.

화자는 관찰 대상인 '모란'과 접촉하고 소통하는 방법으로 주로 시선을 활용한다. 그는 모란을 "살피고, 보는" 데에 열중한다. 그 섬세하고 치열한 응시의 결과, 미지의 불확실한 "무엇인가"를 확인한다. 화자는 새로운 미지의 세계인 "모란 속으로" 입장한다. 중요한 것은 화자의 태도와 자세이다. 그는 "벌거벗은 몸"으로 모란 속으로 들어간다. 예컨대 그는 원초적이고 본질적이며 순수한 자아의 상태로 모란이라는 신세계의 영역으로 편입하는 것이다. "모란 속"은 "어떤 모를 것들"과 "신비로움"으로 가득한 신세계이다.

화자는 그 모란 속의 새로운 세계에서 '모란'과 동일화 과정을 겪는다. 하여 모란으로 인하여 새로운 세계의 순수한 절대적 자아를 발견하게 된다. 나아가 그는 지혜, 진리, 궁극의 본질과 일체화 된다. 그는 순수한 절대적 자아를 각성하는 순간 감격과 감동의 경지에 이른다. 순수한 절대적 세계를 표상하는 '모란'과의 동일화를 꿈꾸는 화자는 순수한 자아로서의 "벌거벗은 몸"으로 마침내 일체화에 이르는 것이다. 예컨대 그는 자아와 세계가 동일화되는 만물 조화의 경지에 도달한 것이다. 장자가 말하는 나비와 장자, 인간과 자연, 현실과 꿈이 일체화되는 것이다.

송하진은 유난히 꽃을 좋아한다. 그에게 꽃은 단순한 자연 사물로서가 아니라 지향하는 하나의 절대적 이상이나 미학적 궁극으로 인지된다. 시편마다의 맥락에 따라 약간 변주되는 경향이 있으나, 꽃은 그가 추구하는 순수하고 이상적인 절대적 가치를 함의한다. 시인은 다양한 꽃에 순수하고 이상적인 인간의 모습을 투영한다. 따라서 꽃은 그가 성취하고자 하는 인간상을 함의한다. 시집 전편에 등장하는 꽃들의 목록은 난초, 국화, 목화꽃, 벚꽃, 산수유, 목련, 모란, 수선화, 금잔화, 작약, 장미, 홍초, 구절초 등이다.

    꽃밭에 꽃들이 피었습니다
    나리는 나리꽃을, 작약은 작약꽃을 피웠습니다

    꽃들은 철마다
    제 할 일을 합니다
    뿌리를 뻗고
    줄기를 세우고
    잎을 돋우고
    드디어는 꽃을 피웁니다

    꽃들은 저마다 제 모습을 갖춥니다
    장미는 장미의 모습으로
    홍초는 홍초의 빛깔로
    수선화는 수선화의 향기로
    마침내 제 아름다움을 이룹니다

    나는 꽃들의 그 투박하지 않은 듯 정교한
    그 사치스럽지 않은 듯 화려한 연출에
    소리 없는 탄성을 지릅니다

    오-꽃이여
    족보가 달라 서로가 서로일 수밖에 없는 꽃들이여

그대들은 광화문 광장의 운명처럼
이리도 아름다운 꽃밭을 이루어내는구나
-「꽃밭」 전문

　이 시는 꽃밭의 정경 묘사를 통해 평화로운 인간 세상의 모습을 형상화하고 있다. 시인은 세상의 구성원인 인간을 아름다운 꽃으로 환유하여 인지한다. 그리하여 꽃은 단순한 자연 사물이 아니라 인간을 상징하는 긍정적 함축 의미를 지닌다. 이는 시인의 인간에 대한 우호적이고 희망적인 인지 태도가 반영된 것이다.「꽃밭」에는 다양한 꽃들이 스스로 자기에게 부여된 역할을 수행하고 있다. '꽃'은 존재론적 의의와 가치를 구현하는 개별적인 사명과 의무를 충실하게 유지하며 생을 구가한다. 나아가 꽃들은 서로 조화를 이루며 아름다운 '꽃밭'/사회를 구성한다.
　1연은 '꽃밭'의 개화 상황을 직접적으로 서술한다. '꽃밭'에는 복수 개념인 '꽃들'이 피어 있는 상황이다. 너무나 당연한 상황이다. 그러나 이 지극히 당위적 상황은 마치 성철 스님이 내린 법어 "산은 산이요 물은 물이로다"와 유사하다. 자연의 이법에 따라 본질적인 것은 영원히 변치 않는다는 뜻이다. 그리하여 나리가 나리꽃을 피우고, 작약이 작약꽃을 피우는 현상은 본질적 이데아를 구현하는 것이다. 화자는 현상을 통해 본질을 투시하고 있는 것이다.
　2연은 사회 구성원을 함축하는 '꽃들'이 각자 맡은 바 소임을 충실히 수행함을 드러낸다. 화자는 식물의 구조인 "뿌리-줄기-잎-꽃"을 섬세하게 관찰한다. 그리하여 식물의 각 부분이 각자에게 부여된 역할을 성실하게 수행함으로써 전체 구조에 이바지 한다는 부분과 전체의 통합성을 드러낸다. 그 결과 식물은 "뻗고, 세우고, 돋우고"의 생장 과정을 거쳐 아름다운 '꽃'을 피우는 존재론적 사명을 완수한다. 이는 시적 대상인 '꽃'의 개화를 통해 바람직한 사회의 이상적 성격을 형상화하려는 의도이다.

  3연은 사회 구성소로서의 개별적인 꽃들의 이상적 행위와 모습을 반복하여 제시한다. '꽃들'은 각자 개별성과 고유성과 독자성을 드러내는 '제 모습'으로 살아간다. 각각의 꽃들은 자기 분수에 맞는 '모습, 빛깔, 향기'로 자신의 정체성을 완성하여 존재하는 것이다. 4연에서 화자는 '꽃들'이 다양한 양상으로 존재하는 광경에 감동한다. 그들은 "투박함과 정교함", "사치스럽지 않음과 화려함"의 조화라는 역설적 양상을 보인다. 예컨대 '꽃들'은 서로 대척되는 성격을 혼융하여 아름다움을 성취한다.

  마지막 5연에서 화자는 '족보' 은유를 들어 개별적 존재인 꽃들의 독립성을 인정한다. 꽃들은 각자의 고유성을 지니고 있지만 조화로운 '꽃밭'/사회를 위하여 더불어 존재함을 확인한다. 나아가 현시대의 정치 상황을 연상시키는 '광화문 광장의 촛불' 은유를 통해 의미망을 확장한다. 예컨대 '꽃'을 '촛불'로 환치시키는 것이다. 꽃과 촛불은 모두 어둠을 밝히는 의미소로 동일성을 획득한다. 그리하여 꽃들은 존재론적 근거인 "찬란한 운명"으로 인하여 "아름다운 꽃밭"을 이루어낸다. 이 시는 결국 '꽃밭'의 풍경 묘사를 통해 자유와 민주를 기본으로 하는 평화로운 사회에 대한 희구를 형상화 하고 있다.

    그냥 마음이 들떠서
    이리저리 흘러 다니는 줄 알았어요
    햇빛 치렁한 봄날 언덕에 앉아서 보니
    어찌나 다정하고 포근해보이던지

어떤 날은 그렇게 낭만적일 수가 없었어요
늦가을이었을 거예요
당신 모습은 왜 그리 또 쓸쓸해 보이던지
그런데 그런데 말이예요
가끔은 무서워요
천지를 뒤흔드는 요란한 모습으로
포악해지거든요
멀리서 푸르게 다가오는
하늘이 두려운지
서둘러 몸을 추스리더군요
어느덧 노을빛에 물드는
호사에도 길들여졌나 봐요
황혼녘의 모습이 아름답네요
해왕성까지 흘러가겠다던
포부는 잊지 않았겠지요
「구름」 전문

  이 시는 시적 대상인 '구름'을 묘사하고 있다. 그러나 '구름'은 단순한 관찰 대상인 자연 사물이 아니다. 시인은 '구름'에 자아를 투영하여 삶 혹은 인생의 특성을 말한다. 어찌 보면 '구름'은 객관이면서 동시에 주관인 것이다. 예컨대 '구름'은 객관적 사물이면서 주관적 자아인 것이다. '구름'은 일정한 형태로 고정되어 있지 않는 무상한 존재이다. '구름'은 수시로 형태를 변화하는 무정형의 자유로운 존재 성격을 지닌다. 또 '구름'은 한 곳에 머물러 있지 않는다. '구름'은 한곳에 정주하지 않고 이리저리 떠다니는 이동의 자유 속성을 지닌다. '구름'은 형태와 이동의 자유성을 본질로 한다.

시인은 주객일치의 상상력으로 시상을 전개해나간다. 즉 구름을 바라보는 시선은 동시에 자아의 내면을 응시하고 있다. 화자는 "이리저리" 떠다니는 구름의 자유로운 속성을 일견 감정의 흐름대로 자유롭게 이동하는 것으로 인지한다. 나아가 '구름'은 "다정하고, 포근하고, 낭만적인" 대상으로 인지된다. 이는 화자 자신과 구름의 일체화를 통하여 자아의 희구와 소망을 투사하는 것이다. 이어서 화자는 '구름'이 지닌 '쓸쓸함'의 속성을 인지한다. 이 역시 자아 내면의 쓸쓸함을 반영한 것으로 보인다. 구름이 곧 자아인 것이다.

화자는 계속하여 '구름'의 '포악성'을 읽어낸다. 다만 그 구름은 '하늘'의 절대성에 굴복하는 모습을 드러낸다. 여기서 하늘은 절대적 초월성을 지닌 존재를 함축한다. 그리하여 이상적인 하늘과 조화를 이루어 아름다운 '노을빛'에 순응하는 자세를 드러낸다. 불완전하고 상대적인 '구름'은 완전하고 절대적인 '하늘'에 '길들여짐'으로써 아름다운 경지에 이른다. 나아가 태양계의 마지막 행성인 '해왕성'까지 영역을 확장하겠다는 '포부'/신념을 드러낸다. 이 시는 화자/'구름'의 자유로운 낭만적 삶의 자세를 서정적으로 형상화한 작품이다.

> 달나라에 올 때는
> 그림자 같은 이기심은 버리고
> 눈송이처럼 사뿐하게 오라는데
> 무사히 달나라에 안착할 수 있을까
> 천연한 달나라 사람들을 만나
> 허망한 회한의 눈물을 펑펑 흘릴 수 있을까
> ―「달나라 가는 꿈」 부분

이 시 역시 이상향인 '달나라'를 지향하는 정서가 표상되고 있다. '달나라'에 편입하기 위한 전제 조건은 '이기심'을 버리는 것이다. 그러나 인간은 본질적으로 이기적 존재이다. 함에도 화자는 이기심이 '그림자'와 같은 허상임을 자각한다. 이기심을 버리고 이타적인 삶의 자세로 살아가면 "사뿐한" 생이 전개됨을 알고 있다.

화자는 '이기심'을 버리고 이타적 삶의 자세를 추구한다. 그럼에도 본질적으로 자신이 없다. 걱정과 우려에 휩싸인 화자는 추구하는 이상향인 달나라에 "무사히" 당도하기를 희망한다. 달나라에 거주하는 "천연한" 사람들을 만나 회포를 풀고자 염원한다. "허망한 회한의 눈물"을 흘리며 이상향인 달나라의 주민이 되기를 희구한다. 이 시는 인간의 본질적 욕망인 이기심을 버리고 현세에서 성실하게 이타적 삶을 이루기를 성찰하는 인생론적 작품이다.

> 나는 이 둥근 지구에 사는 사람들을 좋아합니다
> 그 중에서도 둥글게 생각하며 사는 사람들을 더 좋아합니다
> 둥글게 생각하는 사람들은
> 저 가파른 산 너머 외로운 사람들도
> 따뜻하게 챙기며
> 사는 사람들이기 때문입니다
> ―「나는 둥근 공을 좋아합니다」 부분

이 시도 역시 현실에서의 처세에 대해 말하고 있다. 화자는 애민의 성격을 지닌 존재이다. 그 이유는 삶의 환경이 '둥근 지구'이기 때문이다. 즉 거주하는 환경세계의 둥근 성격 자체가 근본적인 까닭이다. 따라서 화자는 "둥글게 생각하며 사는 사람들"을 애호한다. 달리 말하면 화자 자신 역시 원만

하고 유연하게 긍정적으로 사유하기를 희망한다. 즉 세상살이에 대해 편협하거나 극단적이거나 편향되지 않은 자세를 유지하고 싶은 것이다.

세상살이에 긍정적이고 낙관적인 자세를 확립한 사람들은 이타적인 포용력까지 겸비하게 된다. 하여 "둥글게 생각하는 사람"은 "외로운 사람들"/타자까지 포용하는 낙낙한 품성을 지니게 된다. 화자는 유연하고 원만한 삶의 처세를 지향한다. 타자들도 화자와 동일한 삶의 태도를 지니기를 희구한다. 그리하여 긍정적이고 낙천적인 품성을 지닌 사람들이 타자의 외로움까지 챙기는 세상이 되기를 희망한다.

시인은 자연 현장 이곳저곳을 방문하여 자아 정체성을 확립하거나 삶의 본질 등에 대해 성찰하는 자극을 받는다. 나아가 강퍅한 삶이 배태하는 우울과 권태로부터 벗어나기도 한다. 이로 인하여 시인은 궁극적으로 가혹하고 무미건조한 세계내존재로서의 정서적 위안을 성취한다. 하여 자연은 시인에게 삶의 원리, 인생의 본질, 생활 태도 등을 교시하는 교과서로 기능한다. 시인은 삶의 교과서인 자연을 성실하고 진지하게 탐독하는 학생의 본분을 확립한다.

가을 달이라
취한 듯 휘영청 밝다
밝은 달이 잠든 자리
대낮 하늘 빈터엔
밝디 밝은 해가 뜬다
눈물나게 화사한 이 가을
바람도 덩달아 포근하다

바람은 지금
늠름히 흐르는 만경강 이백리
휘휘 돌아서
저 광활한 들판의
벼 이삭들에게 다가간다

쭉정이 되지 말고 알곡 되라고
겸손하게 고개는 숙여도
거세찬 바람에게조차
쉽게 날아가지 않는
야무진 알곡 되라고
바람은, 이 가을 내내
저 들판의 벼 이삭을 포근히 어루만지는 것이다
― 「가을, 바람이 가는 곳」 전문

    이 시는 가을 들판을 풍요롭게 성숙시키는 바람의 역할에 대해 형상화하고 있다. 자유로운 가을바람이 세계를 평화롭게 주유하며 만물을 응원하고 성숙시킨다. 이에 따라 세계는 평화롭고 자유롭고 화평한 긍정의 풍경을 연출한다. 이는 세계를 긍정적이고 낙관적인 시선으로 읽어내는 시인의 자세 때문이다.
    시인은 먼저 가을 달이 스스로 흥에 도취되어 밤의 세상을 환하게 밝히고 있는 풍경을 바라본다. 자연 사물인 달에 시적 자아의 긍정적인 심리적 분위기를 투사한 까닭이다. 또 낮에는 해가 밝게 떠올라 역시 세계는 평화롭고 긍정적인 세계상을 드러낸다. 세계는 낮과 밤 모두 해와 달의 빛으로 인하여 근심이나 불안 없이 밝고 평화롭기만 하다. 긍정적인 세계 인식이 투영된 결과이다. 화자와 세계는 감격스러울 정도로 긍정의 분위기로 동일화된다. 화자와 세계의 사이에 존재하는 '바람' 역시 이러한 화평의 분위기에 동참하여 "포근한" 성격을 지닌다.

  2연에서 긍정과 화평의 분위기에 일체화된 바람은 '만경강'을 동참시키는 순례를 감행한다. 나아가 광활한 만경평야에서 무럭무럭 생장하는 "벼 이삭들"에게로 불어간다. 즉 바람은 하늘의 밝은 기운을 받아 땅의 성숙을 위하여 순례를 한다. 하여 천지는 "휘영청, 화사한, 포근한, 늠름히, 휘휘" 등의 밝고 긍정적인 수식어(형용사와 부사)의 범람으로 낙관적이고 평화로운 분위기를 강화한다.

  3연은 광명 천지를 주유하는 '바람'의 역할과 기능을 표상한다. 바람은 평야에서 성숙의 과정을 겪는 '벼 이삭'을 응원하고 격려하는 사명을 완수하는 중이다. 벼 이삭이 '쭉정이'가 아니라 '알곡'이 되라고 완숙의 과정에 참여한다. 예컨대 바람은 자연의 원리에 따라 천지의 긍정적 기운을 모아 벼의 생장을 완결하는 임무를 수행하고 있는 것이다. 이 시는 자연의 이법에 순응하여 천지가 화평하게 조화를 이루는 긍정적 세계를 밝고 환한 시선으로 묘사하고 있다.

    전주천이 느릿느릿
    앞산을 감싸며 흐르고
    흰 구름 몇 점이 서쪽 하늘에서
    한가로이 서성인다
    조랑조랑 매달린 몇 개의 떡감을 남겨둔 채
    마을 어귀 감나무들이 옷을 벗는다
    텃논의 벼 이삭들 고개 숙이며 익어가고
    황혼이 흙담 위 호박을 노랗게 데운다

모두가 도시로 떠나버린 한적한 고샅 끝
누렁이 한 마리 물끄러미 귀뚜리를 바라보며 졸고
몇 마리 잠자리가 헤매던 들판에서 돌아온다
관촌 쪽에서 슬금슬금 어둠이 다가오자
색장리는 어느새 적막 속에 잠들고
밤하늘에 고단한 별들만
물먹듯이 깜박거린다
─「늦가을 색장리 풍경」 전문

　이 시는 '색장리'라는 도시 근교의 농촌 풍경을 정감어린 시선으로 매우 평화롭게 서정화하고 있는 작품이다. 마치 담담하고 맑은 수채화의 풍경처럼 선명하다. 인적 끊긴 시골의 허전한 풍경이 저녁 무렵 사위어가는 노을과 맞물려 쓸쓸하고 고적한 분위기를 환기한다. 그러나 자연 사물들이 서로 조화를 이루며 묵묵히 아름다운 전원 풍경을 이루는 모습은 안분지족의 자세를 생성한다. 그리하여 이 작품은 외롭고 쓸쓸한 전원 풍경의 배면에 늘그막에 이른 노년의 적막하지만 자족적인 인생을 은근히 자극한다. 예컨대 자연 풍경을 통해 인생의 풍경을 떠올리도록 충동한다.
　"전주천"과 "앞산"은 상호 조응하며 산수 일체화의 정경을 드러낸다. 또 하늘에는 '구름'이 둥둥 떠서 자유롭게 흘러간다. 천지간의 조화로운 풍경이 안빈낙도하기에 적절한 낙낙함을 제공한다. 이 자연의 구성원들은 모두 조급하거나 초조하지 않고 "느릿느릿" "한가로이" 삶을 영유한다. "감나무들"도 자연의 원리에 순응하여 가을의 소멸 질서에 따라 이파리를 떨구며 겨울을 채비하고 있다. 그런데 감나무는 다른 자연의 타자를 위하여 "떡감"을 남겨두는 시혜봉공의 태도를 드러낸다. 자연은 이렇게 상호 연쇄의 원리로 운행되는 것이다.
 들녘의 논에서는 벼들이 알곡으로 여물어간다. 벼들은 적요한 가을을 풍요로운 성숙으로 충만하게 채운다. '황혼'도 담장 위의 '호박'을 숙성하느라 분주하다. 다가올 겨울 채비를 하느라 가을은 풍성한 수확을 마련하는 것이다. 그런데 현실의 농촌은 직장을 찾아 젊은이들이 모두 도시로 떠나버려 노인들만 남아 지키는 적막한 공간이 되어 버렸다. 본래 마을은 아이들과 청장년이 고루 살아가야 활기 넘치는 완전한 구성이 된다. 그런데 현실의 마을은 노인들만 남은 불완전한 인적 구성을 보인다. 하여 마을의 '고샅'은 적막한 공간의 표징이 되고 말았다.
 이제 현실의 마을 풍경을 이루는 구성원들은 "누렁이, 귀뚜리, 잠자리" 등이다. 인간은 배후로 물러나고 전면에는 동물, 심지어 곤충들이 부각되는 상황이다. 그들 역시 인간들이 사라진 마을에서 생기를 잃고 "물끄러미, 졸고, 헤매는" 지경에 이른다. 마을은 쓸쓸하고 적막한 공간으로 변화한 것이다. 농촌 현실의 표상인 '색장리'는 저녁이면 고요히 적막 속에 잠 이루는 공간이 된 것이다. 이러한 현실을 응시하는 "밤하늘"에는 별들만이 슬픔을 참으며 눈물을 글썽이듯 명멸하고 있다. 이 시는 적막한 농촌 현실을 매우 섬세하고 탁월한 서정적 묘사로 그리고 있는 가편이다.
 자연에서 삶의 원리와 본질을 읽어내는 시인은 한편 자연 생태계의 훼손과 파괴에 대한 인류의 현실과 미래에 대한 고민을 형상화 한다. 인간은 지구라는 별에서 식물, 동물, 무생물까지 연쇄를 이루어 살아간다. 그런데 지구는 인구 과밀, 식량 부족, 과학 발전, 환경 오염 등으로 인하여 여러 생태학적 위기를 초래하고 있다. 특히 지구 온난화로 인한 생태 위기는 심각하다. 기후 위기는 대기, 해양, 생태계 등 지구 전반에 걸쳐 확산되고 있다. 이러한 지구 위기를 극복하는 방법론은 다양하게 실천적 차원으로 진행되고 있다. 그러나 무엇보다 인간 중심주의 사고에서 벗어나야 한다. 지구 공동체를 구성하는 모든 존재들이 상호 의존적 관계에 있는 동일운명체라는 사고로 전환해야 한다.

하늘 한가운데 언뜻언뜻 비치는
핼쑥한 지구의 그림자
온몸에 신열이 돋아
사화산조차 다시 솟구치며 쏟아져 내리고
이산화탄소 삼킨 초목들은 숨소리 가빠지고
플라스틱 페트병 삼킨 상어는 등이 굽은 채
저리도 허망하게 갯벌에 드러눕는다
속절없이 녹아내리는 지구 꼭대기 빙하를 딛고 서서
하얀 웅녀들 펑펑 눈물을 쏟고
회색 먼지 벽에 갇힌 푸른 하늘은
상처로 짓무른 새의 날개 끝을 따라
아스라이 멀어져 간다

아직도 지구는 해를 연모하며 도는데
삶은 원래 자유로운 거라고
욕망이 시키는 대로 마음껏
쓰고 버리며 마구 사는 거라고
마냥 너희는 그렇게 살아갈 작정이냐
지구여 울어라

온몸 구석구석이 아파서 우는 지구여 서럽게 울어라
　　사랑은 결코 그렇게 하는 것이 아니라고
　　지구여 울어라
　　지축이 똑바로 서서 도는 그날까지
　　지구여 통곡하라
　　―「지구여 통곡하라」 전문

　이 시는 온난화로 인한 지구 위기를 상세하고 구체적으로 제시하며, 동시에 인간들의 무분별한 행위를 질책한다. 환경 생태 위기에 대한 시인의 어조는 단호하고 강직하다. 시인은 '지구'를 하나의 생명체/유기체로 인지한다. 하여 지구는 "헬쑥한" 상태이다. 아니 지구는 병들어 "신열이 돋는" 아픈 상태이다. 지구의 병든 신체는 섬세한 진찰을 통해 다양한 병상/환부가 확인된다. 예컨대 '사화산'이 다시 용암을 쏟아내는 증상이 검진된다. 또 '초목'도 이산화탄소 호흡으로 인하여 폐부에 이상이 발견된다. 바다의 '상어'도 영원히 썩지 않는 페트병을 흡입하여 죽어간다. 북극이나 남극의 '곰'도 어찌할 수 없는 환경 훼손 때문에 슬픔을 표출한다. '새'도 상처를 입어 자유롭게 날지 못하고 죽어가는 형국이다. 지구별의 모든 생명체가 질병으로 신음하거나 죽음에 이르는 질곡의 상황에 처해 있다.
　2연에서 화자는 지구에 사는 인간들을 향해 무책임한 방종의 삶의 태도에 대해 준엄하게 꾸짖는다. 자유의 개념을 오독한 인간들이 "욕망이 시키는 대로" 무절제하게 소비하는 행태를 지적한다. 이와 같은 무책임과 무절제로 인하여 지구는 신음하고 중병에 걸린 것이다. 하여 화자는 질병에 걸려 통증으로 괴로워하는 지구에게 마음껏 "울어라", "통곡하라"고 권유한다. 시인의 환경 생태에 대한 관심과 고민은 "천지사방에 종잡을 수 없는 바람이 하냥 불어대고, 사람과 사람들 사이에는 바람 따라 비말이 흩어져, 손에서 손으로, 가슴으로, 허파로, 고릴라처럼 음흉하게 스며 들었지."(「코로나19의 추억」), "달이 구름 사이로/ 희부연 얼굴을 내밀고/ 지구의 안부를 묻는다"(「달이 지구의 안부를 묻는다」)에서도 형상화되고 있다.

    송하진 시인의 시는 솔직 담백하고 서정적이다. 자연 산천을 주유하며 겪은 체험을 바탕으로 서정적 느낌을 작시한다. 친밀한 소통을 겨냥하여 쉽고 친절한 어법을 구사한다. 그가 관찰하고 접촉하는 자연은 객관적 사물로만 존재하지 않는다. 자연은 삶, 인생, 세계의 본질과 방식을 교시하는 교과서로 작동한다. 그는 자연의 다양한 현상에서 삶의 원리를 읽고 배우고 성찰한다. 즉 현상 너머에 잠복한 본질을 읽어내려 고투한다. 그가 자연의 독법을 통해 도달한 인생의 교훈은 대체로 낭만주의 속성을 드러낸다. 그는 자연, 삶, 세계와 불화를 겪지 않는다. 그는 삶이 서로 다른 존재들과 상생과 조화의 관계로 연쇄되어 있음을 확인한다. 그리하여 그의 시는 따뜻하고 부드럽고 사랑스러운 에로스를 환기하는 순수 서정주의를 표상한다.